2

# Cómo ADELGAZAR follando

Que no quede un solo músculo
sin trabajar.

Dibujos de
Aleix Saló

# Cómo ADELGAZAR follando

Toda la verdad sobre la comida y el sexo

RICHARD SMITH

*Hay muchos a quienes estoy agradecido, pero, ay de mí, prefieren permanecer en el anonimato.*

Título original: *The Dieter's Guide to Weight Loss During Sex*
Primera edición en este formato: octubre de 2017



Printed in Spain – Impreso en España

Ilustraciones: Aleix Saló

ISBN: 978-84-03-51832-2
Depósito legal: B-17.019-2017

Compuesto en Gama, S.L.
Impreso en Lavel Industria Gráfica, S. A. Madrid

AG 18322

Penguin
Random House
Grupo Editorial

# Índice

A sus marcas... 3, 2, 1... ¡me corro!

# Introducción

*«Si le gusta hacer ejercicio, le gustará este libro.*
*Si detesta hacer ejercicio, le encantará este libro.»*

ANÓNIMO

¿Cuánto peso perdemos durante la actividad sexual? Si bien en la literatura dietética abundan las tablas y los libros que explican la cantidad de calorías que quemamos al hacer *jogging*, jugar al tenis o practicar el golf, lo cierto es que apenas disponemos de información similar relativa a la actividad sexual. No obstante, una encuesta aleatoria realizada entre doscientos seis millones de estadounidenses revela que el noventa y ocho por ciento de ellos consagra más tiempo y esfuerzos al sexo que al *jogging*, al tenis o al golf, de modo que consideramos llegado el momento de escribir un libro que explique las razones de ello.

Hasta la fecha, los intentos realizados para determinar la pérdida de peso durante la actividad sexual han resultado un fracaso, probablemente a causa de la ignorancia de los investigadores y la poco acertada selección de sujetos. Por ejemplo, un experimento destinado a determinar las calorías que se queman durante los juegos previos quedó interrumpido bruscamente cuando ambos participantes se quedaron dormidos; su falta de interés era atribuible a la diferencia de edad existente entre ellos, cifrada en cincuenta y seis años. Otro experimento fallido, un intento de demostrar que la actividad sexual regular (un mínimo de 72,4 veces por semana) podía estrechar la cintura y mejorar la técnica tenística, fracasó el cuarto día del experimento porque ambos participantes, ya maltrechos, perdieron el juicio. Por consiguiente, la ausencia de datos fiables impedía al ciudadano medio calcular la pérdida de peso que se produce al quitarse la ropa, manosearse con torpeza o intentar alcanzar un orgasmo verdaderamente satisfactorio en una tienda de campaña sin calefacción.

Unas pocas excepciones aparte, el sexo se considera la forma menos aburrida y más placentera de ejercicio físico, por no mencionar la más económica. De hecho, aquellos que se abandonan a él no tienen más que palabras de elogio para los increíbles beneficios que proporciona, y las vigorosas exclamaciones de apoyo tales como «Me gusta», «Es agradable» o «Es mejor que ir andando en mocasines hasta Uruguay» son de uso frecuente. Por supuesto, los ejercicios estándar ayudan a perder peso de forma eficaz, pero roban bastante tiempo. Una hora de *jogging*, por ejemplo, tan solo quema seiscientas calorías; una hora de natación, quinientas (más si uno permanece bajo el agua), y dos horas de minigolf, tan solo setenta y una. En cambio, fingir un orgasmo de forma convincente puede llegar a quemar ciento sesenta calorías en tan solo diecinueve segundos, y eso sin contar la fase de calentamiento. Añada a ello otras veinte calorías por evitar la mancha húmeda y treinta por ir a buscar una toalla, y comprobará que los beneficios de la actividad sexual son inconmensurables; todo lo que hacemos quema calorías, y dos horas de actividad sexual entusiasta pueden quemar sin ningún problema el equivalente a un bocadillo de pastrami, una ración de tarta de nueces pacanas, dos bolas de helado y esa celulitis desbocada de la parte superior de sus muslos. Por tanto, si consideramos la actividad sexual en relación a las calorías que quemamos, podemos calcular cuánto peso perdemos, teniendo en cuenta que por cada tres mil quinientas calorías adelgazamos alrededor de medio kilo. Por supuesto, a mayor actividad, mayor pérdida de peso.

En este manual hemos intentando cubrir todos los aspectos concebibles del sexo, a fin de ofrecerle una visión general de las drásticas repercusiones que la actividad sexual crónica tiene no solo en el cuerpo, sino también en la mente. Aunque hemos empleado los métodos científicos más modernos para garantizar la precisión, los problemas a los que nos hemos enfrentado han sido, por expresarlo de un modo suave, profundos. Así, por ejemplo, las calorías que se queman intentado encontrar una postura más cómoda variarán en gran medida dependiendo de si uno está cómodamente instalado en una cama de matrimonio o escabechado en el asiento posterior de un sedán japonés. Además, pese a las maravillas de la era electrónica, la labor de traducir reacciones emocionales tales como la ira, la decepción, el herpes o la angustia en calorías quemadas ha resultado tan ardua que nos hemos visto obligados a conformarnos con cuidadosas aproximaciones. Por último, en el calor de la pasión, a pesar de que los electrodos no hacían más que desprenderse una y otra vez, los frenéticos participantes se negaban a detenerse, por lo que tuvimos que ajustar nuestras cifras en consecuencia.

Por tanto, sugerimos emplear este libro como una guía informal en lugar de como un manual estricto, realizar los ajustes calóricos necesarios según su constitución y temperamento, así como de acuerdo con su forma de entregarse al sexo y si tiene pareja o no. Una vez alcanzados el peso y la estatura ideales, puede continuar con su actividad sexual sin preocuparse de efectos secundarios adversos tales como la melancolía o la delgadez extrema.

Tal vez la mejor forma de ilustrar la capacidad de la actividad sexual de ejercer influencia sobre la pérdida de peso sea el hecho de que una hora de intenso toqueteo, incluyendo las fases de retorcerse, serpentear y gemir pidiendo más, pueden quemar fácilmente el equivalente a cinco tragos de crema de menta o una ración doble de tarta de cumpleaños. Para otros ejemplos, recurra a la siguiente tabla.

| ACTIVIDAD SEXUAL | QUEMA |
|---|---|
| 1 hora de juegos previos intensos (114 respiraciones por minuto) o 18 minutos de penetración | 1 ración (grande) de pastel de chocolate |
| 26 minutos de penetración ininterrumpida más un orgasmo de 9 minutos o equivalente | 2 raciones de pizza con doble queso, albóndigas y champiñones |
| Manosear o hacer cosquillas a la pareja durante 16 minutos | 9 piruletas |
| 53 minutos de besos con lengua o 25 minutos de juego previo normal o 6 minutos de juego previo anormal | 1 hamburguesa con queso y una porción de kétchup |
| 2 horas de sadomasoquismo o 47 minutos de azotes con un látigo de peso mediano | 2 botellas de cerveza, una ración grande de espaguetis y una tostada |
| 7 minutos de sexo aural (cualquier cosa que guarde relación con el oído de la pareja) | 6 bombones (sin el papel de aluminio) |
| 15 minutos de sexo oral | 11 uvas |
| 52 minutos de masaje en la espalda de la pareja o 10 minutos de masaje en la propia espalda | 1 pincho de quiche Lorraine de cangrejo y 1 vaso de vino |
| 1 hora de reanimación estómago a estómago | 1 ración de crema de chocolate (generosa) |
| 62 minutos persiguiendo a la pareja por la habitación a trote mediano, o 2 horas de batalla de almohadas con almohadas de 10 kilos | ½ litro de helado |
| 1 estornudo | 12 brotes de soja (con sal) |

| | |
|---|---|
| 14 minutos de arrumacos | Mousse de chocolate: ración tacaña |
| Penetración en un mínimo de 4 posturas distintas en el espacio de 6 minutos | Mousse de chocolate: ración enorme |
| 31 minutos de juegos previos en la posición del loto | 2 pastas cárnicas con arroz salvaje y budín |
| 24 minutos de sexo oral mutuo satisfactorio en una piscina | 1 ración grande de tarta de queso |

Son una pareja muy com... penetrada.

# 1. Cómo prepararse para la pareja

El camino hacia el sexo perfecto empieza con la perfección de la propia persona. Además de demostrar cuánto peso pierde mientras se prepara para su pareja, este capítulo está diseñado para ayudarle a asegurarse de que se encuentra preparado física y mentalmente incluso para la actividad sexual más dura. A fin de orientarle, hemos confeccionado una lista de preguntas que la gente se formula con frecuencia acerca del acto sexual. Utilice la información que le ofrecemos en las páginas siguientes para resolver cualquier problema.

- ¿Soy lo suficientemente fuerte?
- ¿Dudo de mi capacidad de satisfacer?
- ¿Me late el corazón con solo atusar las almohadas?
- ¿Estoy satisfecho con mis bíceps? ¿Mis tríceps? ¿Mis quadríceps? ¿Mi visión?
- ¿Puedo llevar a mi pareja en volandas hasta el dormitorio sin hacer el ridículo?
- ¿Cómo tengo el cutis?
- ¿Están todos los granos bien camuflados?
- ¿Tengo las uñas presentables? ¿Tengo los dedos de los pies bien alineados?
- ¿Están causándome angustia problemas intestinales?

- ¿Debo comer ahora o más tarde?
- ¿Debo tomarme un Valium?
- ¿De verdad tengo que pasar por esto?
- ¿Lo pasaré bien?
- ¿Tendrá algún significado?
- Si tiene algún significado, ¿lo pasaré bien de todos modos?

## PREPARACIÓN FÍSICA

*«Una mente sana en un cuerpo obeso resbala.»*

M. TITO FARTSEK, doctor en filosofía

Durante la actividad sexual, nuestros cuerpos hacen o intentan hacer las cosas más mágicas y maravillosas. Agarramos, buscamos a tientas, nos deslizamos y retorcemos, alargamos los brazos y nos estiramos, tensamos los músculos y realizamos proezas de agilidad que dejarían patidifuso a un mono. Sin embargo, en lugar de prepararnos de forma adecuada para tan ferviente actividad, la mayoría de nosotros no piensa más que en abalanzarse sobre la cama sin hacer ni una sola flexión, tocarse las puntas de los pies con las manos ni saltar.

Además de problemas de ligamentos, esta falta de preparación puede provocar agotamiento prematuro, cuyos primeros síntomas son la falta de aliento, sensación de vértigo al tenderse con excesiva brusquedad, incapacidad de responder a las caricias de la pareja y un acuciante deseo de no hacer más que quedarse plantado ante el televisor. Y todo ello tras tan solo cuatro minutos de juego previo. Como consecuencia se experimentará una sensación de inadaptación y letargo profundo, estado que puede durar entre dos horas y varios días, período durante el cual puede resultarle difícil caminar, servirse un zumo y mascar carne barata. Además, las personas de costumbres sedentarias, en especial aquellos que sienten una aversión crónica por el ejercicio físico, experimentarán con toda probabilidad calambres generalizados.

Es evidente que el hecho de no estar en forma puede mermar e incluso llegar a arruinar la vida sexual. Según el Consejo Presidencial para la Forma Física, la necesidad de echar una siesta después de realizar ejercicios físicos intensos, tales como subir corriendo una cuesta muy empinada, tener un orgasmo o preparar un estofado, indica que la forma física de la persona en cuestión deja mucho que desear y tal vez convendría aplicar un programa de ejercicios.

Aunque de ningún modo constituyen un programa completo para alcanzar una buena forma física, los siguientes ejercicios de carácter modesto resultarán de gran ayuda para superar la inercia sexual, incrementar el virtuosismo y generar el vigor necesario para enfrentarse a cualquier pareja, sea cual fuere su nivel y lugar de preparación.

## EJERCICIOS BÁSICOS

*(Cada ejercicio debe realizarse al menos una hora antes de la actividad sexual.)*

| **Actividad** | **Calorías quemadas** |
|---|---|
| Flexiones (cinco) ........................................<br>Fuerza general, fortalece los brazos y los hombros, incrementa la capacidad de mantenerse firme cuando se está encima de la pareja, facilita la tarea de apartar a una pareja que haya perdido el conocimiento encima de usted. | 14 |
| Abdominales (cinco) ....................................<br>Tonifica y fortalece músculos vitales del estómago, permitiéndole saltar a toda prisa de la cama si algo va mal. Asimismo le facilita la tarea de incorporarse en la cama en caso de que sienta deseos de comer, mirar la televisión o comprobar qué hora es. | 10 |
| Abdominales invertidos (tres) ....................<br>Para obtener una fuerza inhumana. Haga lo mismo que haría en el caso de los abdominales, pero tendido de bruces. | 563 |
| Tocarse los dedos de los pies (diez repeticiones) ........................................<br>Destruye las bolsas de grasa, incrementa la flexibilidad. Le permite adoptar posturas que en circunstan- | 7 |

cias ordinarias le dañarían la columna. Asimismo le permite alcanzar cosas tales como comida o sedantes sin realizar ningún sobreesfuerzo.

---

**Tocarse la cintura (diez repeticiones)** .......... ½

Para aquellos que todavía carecen de la flexibilidad suficiente para tocarse los dedos de los pies. Efectos similares a los del ejercicio anterior, aunque menos..., mucho menos.

---

**Flexiones de brazo (cinco, aplicando un peso que resulte cómodo)** .................................... 9

Fortalece los bíceps, infunde seguridad y en ocasiones resalta aún más las cicatrices de las vacunas. De ejecución obligada para aquellos que deseen levantar en volandas a su pareja en el momento decisivo y llevarla al dormitorio. Si no realiza este ejercicio, en lugar de levantar a su pareja con toda seguridad, lo más probable es que se caiga y empiece a gemir de un modo patético. Este ejercicio resulta especialmente útil para mujeres de escasa fuerza y brazos escuálidos a las que les gustaría ganar a su pareja en los pulsos.

---

**Oprimir una pelota de goma (veinte repeticiones)** .................................... 3

Durante la actividad sexual, unas manos fuertes son necesarias para toda una serie de cosas desde estrechar la mano con vigor hasta coger una fruta. Resulta especialmente imprescindible para aferrarse a la pareja en caso de que la cosa se ponga a tope. Para las mujeres que deseen vencer en las escaramuzas o tener a su pareja en su poder durante las sesiones de cosquilleo, unas manos fuertes son una condición esencial.

*Jogging* (un kilómetro y medio como mínimo) 100

El mejor ejercicio global para incrementar el vigor y reafirmar muchos de los músculos que se emplean durante la actividad sexual. Asimismo, incrementa la capacidad pulmonar y la eficacia del oxígeno, lo cual le permite contener el aliento (en caso necesario) durante períodos de tiempo muy prolongados.

*Los siguientes ejercicios dan resultados óptimos.*

Vertical ........................................................ 40

Difícil, pero muy gratificante. Con las rodillas extendidas, inclínese hacia adelante y pose las palmas de las manos sobre el suelo. Avance dos pasitos. Ahora debería estar haciendo la vertical. Cuente hasta diez antes de abandonar dicha postura.

Tocar el suelo ............................................... 50

Póngase en pie con los brazos relajados a lo largo de los costados. Sin doblar las rodillas ni mover los pies, inclínese hacia delante con lentitud y elegancia hasta rozar el suelo con la frente. Manténgase en esta posición, cuente hasta dos y vuelva a la posición original. Aquellos que tengan conocimientos de yoga no tropezarán con demasiados problemas.

Inclinación lateral ........................................ 20

Junte las manos en la nuca y arrodíllese. Inclínese lentamente hacia un lado hasta rozar el suelo con el hombro derecho. Permanezca en esta postura durante diez segundos y a continuación regrese a la posición original. Repita el ejercicio con el hombro izquierdo.

---

Por supuesto, existen otros métodos para alcanzar una buena forma erótica. Entre ellos se cuentan ejercicios tan intensos como el tenis, el esquí, el ciclismo, el backgammon o dormir en una cama plegable. Todos ellos resultan excelentes para mejorar la resistencia cardiovascular y el nivel sexual.

## PREPARACIÓN MENTAL

Resulta imposible disfrutar del sexo si uno está deprimido, no tiene ganas o si la mente está distraída por asuntos cotidianos. De momento, debe esforzarse por alcanzar una sensación de bienestar; debe dejar a un lado las preocupaciones por la bajada de las acciones, las facturas pendientes del dentista y las plantas espantosamente enfermas. He aquí algunos métodos corrientes para despejar la mente, disipar la tensión y alcanzar la serenidad.

| **Actividad** | **Calorías quemadas** |
|---|---|
| Meditación trascendental ............................ | 4 |
| Meditación incidental ................................. *(Lleva menos tiempo; puede practicarla mientras se cepilla los dientes.)* | 1 |
| Autohipnosis ................................................ | 9 |
| Psicoanálisis (por sesión) ............................ | 17 |
| Si el analista hace visitas a domicilio .......... | 12 |
| Oración ........................................................ | 5 |
| Mirar películas clasificadas X ...................... Si la definición es mala y tiene que entornar los ojos para verla, añada tres calorías. | 7 |

Si la banda sonora es difusa y tiene que esforzarse para oír bien, ello supone otras dos calorías.

---

Llamar a los padres ........................................ 3

---

Cachear un jamón (para ayudarle a ponerse en situación) ........................................ 3

---

*Biofeedback* ........................................ 6

Si no tiene el equipo adecuado, introdúzcase un dedo en cada oído y escuche el sonido de sus manos. ¡Funciona!

---

## ASEO PERSONAL

| **Actividad** | **Calorías quemadas** |
|---|---|
| Ducharse | 8 |
| Bañarse | 6 |
| Secarse el cabello | |
| Con la toalla (vigorosamente) | 9 |
| Con el secador | 3 |
| Soplando | 348 |
| *(Reste 4,96 calorías si es calvo.)* | |
| Cepillarse los dientes | 2 |
| Con cepillo eléctrico | ¼ |
| Inspeccionarse la cara en busca de granos, manchas, etc. | 2 |
| *(Incluyendo reacción paranoica ante el grano del tamaño de una uva que está a punto de salirle en el puente de la nariz.)* | |
| Afeitarse (ambos sexos) | 3 |
| Utilizar cosméticos (ambos sexos) | 3 |
| Escoger la ropa | |
| Si le da importancia | 7 |
| Si no | 1 |

Salto el potro y te empotro.

# 2. Cómo preparar el escenario y la primera fase de intimidad

Crear una atmósfera íntima y cómoda hará que su pareja se sienta de inmediato a gusto y con ganas de hacer el amor. Por tanto, el ambiente lo es todo. Si tiene chimenea, enciéndala. Si corre el mes de agosto, no la encienda. Compruebe el estado de la cama. ¿Es lo bastante resistente? ¿Se encuentra en buenas condiciones? ¿Alguna juntura necesita un toque de pegamento? ¿Ha cambiado la arena del gato? ¿Se han ido los niños a casa de tía Mabel? ¿Hay alguna foto comprometedora a la vista? ¿Ha amordazado al loro? ¿Ha preparado los discos? ¿Tiene la nevera llena? ¿Con mucho hielo? ¿Está el cuarto de baño impecable? Desde luego, es un palo. Pero el resultado de todo ello será una pareja satisfecha que al marcharse sacará la basura sin rechistar.

## CÓMO PREPARAR EL DORMITORIO

| **Actividad** | **Calorías quemadas** |
|---|---|
| Si es exigente ............................................ . *(más/menos tres calorías)* | 42 |

Incluye quitar el polvo, atusar las almohadas, sintonizar la radio, dar saltos en la cama, colgar pósters y poner el despertador. Asegúrese de que la iluminación es apropiada (si es demasiado tenue, el lugar se convierte en una mina; si es demasiado intensa, el lugar parecerá un quirófano); pruebe con una bombilla de veinticinco vatios. Evite los inciensos fuertes. Utilice trucos tales como libros para producir buena impresión y mostrar qué clase de persona es usted. Los libros de poemas, por ejemplo, transmiten cultura y sensibilidad. Debería colocarlos de forma estratégica: sobre la cómoda, junto a la mesilla de noche y tal vez uno o dos bajo las sábanas. Además de la poesía, seleccione unos cuantos libros que den la impresión de que es usted una persona poco corriente (ligeramente excéntrica, aunque de un modo vago), lo cual incrementará el misterio de la experiencia sexual. He aquí algunos de los títulos que sugerimos: *Clases de recuperación de noruego*, *El hechizo del arte de soldar* (vol. II), *Constrúyase su propio buzón*, *Poemas populares japoneses* (para aquellos a los que les guste el haiku), y *Felices chuletas, la historia de un carnicero risueño.*

Nota: Si espera la visita de alguien superespecial, tal vez le convenga cambiar las sábanas o al menos darles la vuelta. Añada cuatro calorías para cualquiera de las dos actividades.

## CÓMO PREPARAR EL CUARTO DE BAÑO

Incluso bajo circunstancias normales, el cuarto de baño debe considerarse un lugar sagrado, un santuario para limpiar el cuerpo, renovar el espíritu y, en ocasiones, ocultarse del mundo. No obstante, durante la actividad sexual, el cuarto de baño también se convierte en un centro de primeros auxilios. Por consiguiente, debería estar impecable, reluciente y lleno de comodidades tales como toallas suaves y esponjosas, una cortina de baño de aire alegre, una pastilla de jabón de tenue fragancia, un cepillo de dientes adicional y un inodoro que al tirar de la cadena emita un susurro agradable y apaciguador. Si es posible, recomendamos hervir todo el cuarto de baño a fin de ir sobre seguro. Si ello resultara demasiado complicado, he aquí algunas recomendaciones:

| **Actividad** | **Calorías quemadas** |
|---|---|
| Borrar de la bañera un círculo de suciedad de dos meses de antigüedad ........................... | 11 |
| Frotar (desincrustar) los azulejos ............ ... | 14 |
| Retirar vegetación extraña de la cortina de baño ........................................................ | 12 |
| Cambiar las toallas ........................................ | 3 |

Colocar rollo nuevo de papel higiénico ......... 2

Para mayor seguridad, coloque un rollo nuevo en el soporte y tenga a mano cinco más de apoyo.

Rascar los vestigios sobrantes de jabón de la jabonera ........................................................ 4

Desinfectar la esterilla de la bañera ............ 6

Ordenar el botiquín ....................................... 3

Evitará que cientos de frascos, botellas y cepillos aterricen en el lavabo cuando su pareja vaya a buscar una aspirina.

Esconder los otros cepillos de dientes .......... 1

## OTROS PREPARATIVOS DE ÚLTIMA HORA

| **Actividad** | **Calorías quemadas** |
| --- | --- |
| Pasar la aspiradora ...................................... | 6 |
| Esconder el manual sexual ............................<br>*(Si todavía no sabe con certeza qué hacer; escríbase las respuestas en los puños de la camisa.)* | 3 |
| Abrir una botella de vino ...............................<br>Si no tiene sacacorchos ................................<br>*(Este proceso no solo permite que el vino respire, sino que impide que la pareja descubra que su Rioja modesto, pero potable, solo ha costado 225 pesetas incluido el envase.)* | 4<br>268 |
| Ponerse la chapa de INSPECTOR DE ALIMENTOS ........................ | 1 |

## PONER A LA PAREJA EN SITUACIÓN Y PONERSE MUTUAMENTE SOBRE AVISO ACERCA DE LAS RESPECTIVAS SENSIBILIDADES

*(Espere a que su pareja llegue antes de iniciar cualquiera de las siguientes actividades.)*

| Actividad | Calorías quemadas |
|---|---|
| Recitar poesía | |
| Shelley (Percy Bysshe) | 3 |
| Lord Byron | 3½ |
| Rossetti | 4 |
| Milton | 8 |
| *(Evítelo si tiene acento sureño.)* | |
| Berryman | 12 |
| McKuen | ½ |
| Leer *Guerra y paz* en voz alta (sin descansos) | 1.573 |
| Bromas pesadas (un buen cambio de aires) | |
| Cojín mágico | 11 |
| Flor de broma | 14 |
| Dentadura falsa | 7 |
| Matasuegras | 10 |
| Cigarro explosivo | 20 |

Estas bromas no solo son de inmejorable gusto sino que funcionan de maravilla para romper el hielo.

| | |
|---|---|
| **Chistes verdes** | |
| Sucios | 8 |
| Asquerosos | 14 |

| | |
|---|---|
| **Escuchar música** | |
| Clásica ligera | 3 |
| Clásica cabezona | 5 |
| Música de cámara | 10 |
| Ópera: Mozart | 15 |
| Verdi | 27 |
| Wagner | 248 |
| Muzak | 20 |
| Cole Porter | 8 |
| Country | 40 |
| Rock | 93 |
| Cantar: buena voz | 18 |
| mala voz | 64 |
| Tocar la guitarra (por rasgueo) | ¼ |
| Tocar la trompeta (un tema) | 26 |
| (sin boquilla) | 320 |

*Añada cinco calorías a cada actividad si marca el ritmo con los pies.*

| | |
|---|---|
| **Bailar** | |
| Foxtrot | 7 |
| Minueto | 9 |
| Vals | 30 |
| Tango: con la cabeza descubierta | 14 |
| con un sombrero de ala ancha | 14½ |
| Danza escocesa | 86 |

Bailar pegados es un excelente modo de echar un vistazo disimulado al tono físico de su pareja y decidir si desea seguir adelante.

---

Poner una película muda de terror ataviado con bragas de goma y un sombrero extraño ... 18

*(Un poco perverso; consulte con su pareja antes de alquilar el proyector.)*

---

Leer juntos la Biblia ........................................ 10

---

Jugar a los médicos ........................................ 8

---

## COMUNICACIÓN

| **Actividad** | **Calorías quemadas** |
|---|---|
| Conversación profunda | véase a continuación |

Por supuesto, cuanto más breve y menos imaginativa sea la conversación, menos energía se empleará y menos calorías se quemarán. Aunque resulta una entrada muy directa, empezar la conversación con un «No tengo nada de qué hablar, vamos a la cama» tan solo quema tres calorías y puede enajenar a la pareja más dispuesta. Cuanto más prolongada y profunda sea la conversación, por el contrario, más trabaja la imaginación y más calorías se consumirán. Una discusión acerca del apacentamiento de camellos en Nueva Jersey o el estudio de Einstein acerca de los trastornos emocionales de los pájaros puede llegar a consumir hasta cincuenta calorías y hacerle sentir importante. Las siguientes recomendaciones le indican cómo quemar cantidades significativas de calorías.

| | |
|---|---|
| Desear que su jefe padezca raquitismo ......... | 24 |
| Explicar que está intentando desarrollar una personalidad propia ...................................... | 28 |
| Explicar que está intentando convertirse en la persona que sus padres querían que fuese .. | 35 |

Explicar que está intentando depender menos de su: madre/padre/sobrina/carnicero......... 57

Todo lo arriba expuesto................................... 268

Los ecos de Nietzsche en «Navidad, Navidad, dulce Navidad» .............................................. 75

*(Un poco de filosofía light siempre resulta una apuesta segura.)*

Deletrear Nietzsche correctamente sin consultarlo ............................................ ....... 92

¿Debería la ciencia intentar enviar al hombre al Sol? ............................................................ 60

¿Es ético conducir cuando se está profundamente dormido? ............................ 33

Budismo Zen y Lo Mein:

¿Cuál de ellos llena más? .......................... 37

¿Cuál de ellos harta más? ........................ 40

Por qué el amor sin sexo no tiene sentido .... 45

Por qué el sexo sin amor puede estar bastante bien .......................................................... 2

Convencer a su pareja de que no se trata tan solo de una atracción física ........................... 70

## DAR EL PRIMER PASO

| Actividad | Calorías quemadas |
|---|---|
| Si es usted tímido ........................................ | 15 |
| Si siente un miedo enfermizo al éxito .......... | 22 |
| Si le intimida fácilmente el hecho de que una persona actúe de modo distante y reservado . Una persona que le prohíbe ponerle las manos encima está actuando de modo distante y reservado. | 36 |
| Si es usted una persona propensa a la angustia y tiene un enorme complejo de inferioridad | 45 |
| Si vende coches de ocasión ........................ .. | 2 |
| Si pregunta educadamente a su pareja si no le importa que le rodee los hombros con el brazo *(Tan ridículo que a veces funciona.)* | 17 |
| Si suplica ....................................................... | 25 |

De acuerdo con los psicólogos, la angustia que produce la perspectiva de dar el primer paso en el caso de ambos sexos guarda una relación directamente proporcional con el temor a pedir un vaso limpio al camarero en una cafetería.

## VENCER LA RESISTENCIA

| Actividad | Calorías quemadas |
| --- | --- |
| Pasiva ........................................................ | 1½ |
| La resistencia pasiva se presenta cuando la pareja masculla entre temblores un «no» en voz baja y sumisa. «No pares, por favor», indica la presencia de una resistencia extremadamente pasiva. | |
| Activa ........................................................ | 62 |
| La resistencia activa puede incluir mordiscos, puñetazos y armas. Persista si considera que no se trata más que de un farol. | |
| Seducir a la pareja (solo se aplica a parejas venales) | |
| Si es usted rico ........................................ | 5 |
| Si es usted pobre ...................................... | 164 |

## CONTACTO FÍSICO Y PRIMEROS ROCES

| **Actividad** | **Calorías quemadas** |
|---|---|
| Manosear | 4 |
| Explorar como quien no quiere la cosa | 7 |
| Frotar con suavidad | 10 |
| Arrumacos con todas las de la ley | 14 |
| Con masaje | 17 |
| Acariciar | 19 |
| Magreo | |
| De cintura para arriba debajo de prendas holgadas, tales como un jersey o una gabardina | 21 |
| De cintura para abajo debajo de pantalones ajustados de esquí | 46 |
| *(Deténgase si la cinturilla le corta la circulación.)* | |
| Apretones (cualquier parte del cuerpo excepto la cabeza) | 15 |

## BESOS

| Actividad | Calorías quemadas |
|---|---|
| Suaves | 10 |
| Brutales | 17 |
| Apasionados<br>*(Por ejemplo, un chupetón en el cuello de la camisa.)* | 26 |
| Chuparle la sangre | 41 |
| Recuperar la forma de la nariz | 11 |
| Besos con lengua (beso francés) | |
| Con la boca abierta | 18 |
| Con la boca cerrada | 239 |
| Sobreesfuerzo de la lengua | 65 |
| Beso holandés (solo en caso de ser holandés) | 24 |
| Besos en diversas zonas del cuerpo | |
| Úvula | 11 |
| Paladar blando | 9 |
| Párpado | 3 |
| Retina | 8 |
| Hígado | 37 |
| Pulmones | 30 |
| Parte posterior de la nariz | 66 |
| Muñeca | 12 |
| Reloj | 10 |

## DESNUDARSE

| **Actividad** | **Calorías quemadas** |
|---|---|
| Con el consentimiento de la pareja ............. | 12 |
| Sin el consentimiento de la pareja .............. | 187 |
| En invierno ................................................... Dicha cantidad de calorías se aplica en caso de atuendo típicamente invernal, es decir: anorak de esquí, camiseta, pantalones de esquí, gorra, orejeras, bufanda, guantes, ropa interior de invierno, gafas, calcetines y botas. | 25 |
| En verano ................................................... | 3 |
| **Varios** | |
| Quitarse los calcetines sacudiendo violentamente los pies .................................. *(Muy poco práctico y además casi nunca funciona, pero para las personas interesadas en perder mucho peso resulta esencial.)* | 418 |
| Abrir el sujetador | |
| Empleando dos manos firmes ..................... | 7 |
| Empleando una mano temblorosa............ *(El récord de incompetencia es de dos horas y media y un dedo índice mutilado.)* | 96 |

Cualquier intento de bajar las bragas sin antes bajar los pantalones ........................................ 375
*(Añada otras cien calorías si lo consigue.)*

¿Hay que quitarse toda la ropa? Por lo general, la respuesta es sí, puesto que la mayoría de la gente lo considera señal de compromiso. A las mujeres les desconciertan sobre todo los hombres que se dejan los calcetines puestos o aquellos que, obsesionados hasta el absurdo por la higiene, se niegan a tener relaciones sexuales a menos que les permitan dejarse puestos los calzoncillos. Asimismo, hay personas a las que les cuesta sobremanera separarse aunque sea temporalmente de un amuleto, y no es raro encontrar a personas que hacen el amor aferradas a una pata de conejo o una radio portátil. No obstante, por lo general resulta aceptable meterse en la cama con adornos tales como pendientes, anillos, crucifijos, estrellas de David, cruces egipcias o perfume.

## EXCITACIÓN Y ESTIMULACIÓN (NIVEL AVANZADO)

Nos ha resultado difícil asignar valores calóricos a esta categoría, porque lo que para unos es sexo de alta tensión, para otros puede resultar un completo aburrimiento. Por ejemplo, una persona puede reaccionar sexualmente a una chuleta de cerdo, mientras que otra se limitará a comérsela. Y hay personas que no consideran erótico el término «renovación urbanística». Por consiguiente, confesamos abiertamente que las cifras que se relacionan a continuación son algo imprecisas.

| **Actividad** | **Calorías quemadas** |
|---|---|
| Soplar en la oreja de la pareja | |
| Empleando la boca | 9 |
| Empleando un fuelle | 14 |
| Empleando un secador de cabello (velocidad lenta) | 2 |
| Soplarse en la propia oreja<br>*(Forma experimental de autoerotismo, aún en fase de prueba.)* | 158 |
| Mordisquear el lóbulo de la oreja de la pareja<br>*(Si su pareja es gitana, procure no tragarse el pendiente.)* | 8 |
| Morder la cabeza de la pareja | 27 |
| Lujuria | 15 |
| Comentarios obscenos | 8 |

## 1 % PÉRDIDA DE PESO COMPLEMENTARIA

| Actividad | Calorías quemadas |
| --- | --- |
| Striptease | 55 |

Si tiene aunque sea una pizca de gracia y salero, hacer un striptease al son de la música le brinda una oportunidad excelente para perder peso al tiempo que excita a su pareja atenta y de mirada lasciva. Asimismo, le permite desnudarse solo en lugar de tener que preocuparse por las manos temblorosas de alguien que intente despojarle de su nuevo mono francés de cincuenta dólares sin dejarle quitarse antes las botas. Sin embargo, debe procurar no estropear la atmósfera erótica intentando algo estúpido y que pueda hacerle quedar en ridículo. Las mujeres obesas harán bien en evitar movimientos que las obliguen a bambolearse, contonearse y saltar en exceso. Un *grand jeté* o un *hula* no resultan las elecciones más acertadas precisamente.

| | |
| --- | --- |
| Danza del vientre | 100 |
| Bailar con el vientre de la pareja | 165 |

Nota: A menos que sea usted obsesivamente pulcro, espere hasta después para colgar su ropa o introducir la horma en sus zapatos

## 2 % PÉRDIDA DE PESO COMPLEMENTARIA

| **Actividad** | **Calorías quemadas** |
|---|---|
| Fiebre de candilejas ............................................ | 18 |

Puede suceder cuando ambos están por fin desnudos y se dan cuenta de que pronto tendrán que dejarse de excusas y poner manos a la obra. Los principales síntomas de la fiebre de candilejas son angustia, náuseas y una necesidad acuciante de dormir o bien de huir. Por lo general, puede combatirse encerrándose en el cuarto de baño y liberando la «energía negativa» con un desatascador.

## LA VERGÜENZA

Los valores calóricos indican la cantidad de energía consumida a causa de una sensación de vergüenza e ignominia causada por:

| **Actividad** | **Calorías quemadas** |
|---|---|
| Gran mancha de zumo en los pantalones ..... | 10 |
| Agujeros en la ropa interior | |
| Si es usted rico ..... | 2 |
| Si es usted pobre ..... | 20 |
| Exceso de vello en lugares inusuales | |
| El vello púbico le llega a los pies ..... | 25 |
| Pelos alrededor de los pezones | |
| (hombres) ..... | ½ |
| (mujeres) ..... | 8 |
| Celulitis ..... | 12 |
| Poros muy abiertos ..... | 10 |
| Tatuaje con letras en relieve ..... | 18 |
| Nariz inyectada en sangre ..... | 14 |
| Bolsas sobre los ojos ..... | 66 |

## DECEPCIÓN

La ropa puede disimular, mentir y provocar que muchas personas se sientan decepcionadas e incluso engañadas al ver a su pareja desnuda. En algunos casos, resulta preferible ceñirse a una actividad menos íntima, como por ejemplo mirar un concurso en la tele. Un hombre de aspecto imponente en traje puede tener hombros de apenas veinte centímetros de anchura, un tórax que recuerda a una pasa y piernas como bastones blanqueados. De repente, una mujer se quita los zapatos, encoge de 167,5 cm a 142,5 cm y no hay quien la encuentre. He aquí algunas causas frecuentes de decepción, así como las calorías que se queman al enfrentarse a ellas:

| **Actividad** | **Calorías quemadas** |
|---|---|
| Su pareja tenía mejor aspecto con la ropa puesta ........................................................ ... *(Tal vez prefiera hacer el amor con la ropa de su pareja.)* | 10 |
| Su pareja tenía mejor aspecto cuando llevaba usted las gafas ............................................. ... | 10 |
| El cuerpo de su pareja parece un pollo tuberculoso ........................................................ | 12 |
| Su pareja lleva ropa interior ortopédica ...... | 15 |

| | |
|---|---|
| El jersey de su pareja resulta ser vello en el pecho | 20 |
| Su pareja resulta ser del sexo equivocado | 100 |
| Le da igual | ¼ |
| Su pareja resulta ser de la religión equivocada | 57 |
| Su pareja lleva zapatos ortopédicos de suela elevada | 12 |
| Su pareja lleva calcetines ortopédicos de suela elevada | 50 |
| Reacciones típicas ante la decepción sexual | |
| Prender fuego a la cama | 8 |
| Prender fuego a la pareja | 15 |
| Suicidarse | 1 |
| Depresión profunda | 9 |
| Llanto: | |
| interno | 27 |
| externo | 4 |
| Risa: | |
| controlada | 5 |
| histérica | 14 |
| Inventar una excusa complicada pero creíble para marcharse («Tengo que irme» es un buen ejemplo) | 5 |

## METERSE EN LA CAMA

| **Actividad** | **Calorías quemadas** |
|---|---|
| Llevar a su pareja en volandas ..................... | 15 |
| Se acabaron las actividades machistas. Muchas mujeres, sobre todo las del tipo fuerte y silencioso, se enorgullecerán de levantar a su compañero en volandas, llevarlo al dormitorio y dejarlo caer con suavidad sobre la cama. Los hombres agradecen el gesto, principalmente si están cansados y tienen que ir a trabajar, aunque es posible que algunos se sientan amenazados. | |
| Para los que carezcan de fuerza suficiente para la actividad arriba mencionada, arrastrar a la pareja por el suelo .................. | 16 |
| Empleando un monopatín ............................ | 3 |
| Realizar un sobreesfuerzo ........................... | 20 |
| Ruborizarse .................................................... | 5 |
| Decidir quién duerme en el lado bueno de la cama (el más cercano a la cocina) ............ | 14 |
| Estremecerse a causa de las sábanas frías .... | 9 |
| Estremecerse de miedo ................................ | 19 |

| | |
|---|---|
| Poner el despertador ........................................ | 1 |
| Colocar la dentadura en un vaso de agua .....<br>*(Solo si se trata de dentadura postiza o dientes muy sueltos.)* | 3 |
| Rezar ............................................................. | 1 |
| Arroparse mutuamente ..................................<br>Una pareja se metió y salió de la cama 137 veces antes de darse cuenta de que era imposible. | 547 |

¡Hoyo en uno!

# 3. Juegos previos

*«Por algo se empieza.»*

DOCTORA SHIRLEY EINSTEIN,
eminente terapeuta

Los expertos en dietética afirman que se queman más calorías durante los juegos previos que en cualquier otra fase de la actividad sexual, con la posible excepción que constituye bailar enfundado en un traje de tweed o mantener una relación sexual espalda contra espalda. No resulta difícil comprender la razón. Los juegos previos son el momento de experimentar y probar cosas nuevas, tales como caricias mágicas con un arenque ahumado, mordiscos amorosos si tiene dientes sanos, dar saltitos con aire de abandono, rebotar en la pared y excitarse mutuamente haciendo muecas ridículas.

Por otro lado, aquellos que consideran que los juegos previos constituyen una faena monótona tal vez prefieran pasar directamente al acto y esperar que su pareja no se percate de ello.

## DIEZ ZONAS ERÓGENAS ALTERNATIVAS

*(En caso de que las zonas habituales queden inservibles.)*

1. Parte posterior de los labios
2. Espacios entre los dedos de los pies
3. Cualquiera de los dos bicúspides
4. Cualquiera de las dos cuerdas vocales
5. Callos
6. Las papilas gustativas
7. Cualquier uña sin pulir
8. El anillo del meñique
9. Cualquier punto del sistema endocrino
10. Tercer estante del frigorífico

## SER BUENO EN LA CAMA

La información de este apartado se refiere tan solo a la preparación. Encontrará descripciones detalladas y valores calóricos específicos en apartados posteriores de este capítulo.

### El compañero ideal

- Pone manos a la obra con mucho gusto
- Resiste mucho rato antes del orgasmo
- No se deja distraer por la niebla, el hipo o las reprimendas
- Se lo monta bastante bien en al menos seis posturas distintas
- Provoca múltiples orgasmos en su pareja
- Tiene un sentido del tiempo que permite alcanzar el orgasmo de forma simultánea
- No se pasa todo el rato preguntando «¿Qué tal voy?»
- No riñe a su compañera ni se pone huraño si esta se viste y se va
- Da masajes poscoitales y precoitales de buen grado
- Solo grita y chilla en la cama
- Siempre se quita el reloj

## La compañera ideal

- No le importa que su compañero le provoque múltiples orgasmos
- Solo tarda dos minutos en alcanzar el primer orgasmo
- No despierta a los vecinos
- Le gusta mostrarse agresiva
- No se siente utilizada si su compañero se rinde tras cuatro horas de sexo
- No hace muecas durante el sexo oral
- Permite a su compañero hacer cualquier cosa dentro de unos límites razonables
- No se pasa el rato preguntando «¿Qué tal vas?»
- No se duerme en ningún momento
- Se muestra atenta con su compañero después del orgasmo
- Sabe administrar primeros auxilios
- Tiene un montón de comida en el frigorífico
- No dice «pobrecito» si el hombre tiene un orgasmo al apagar la luz

## SER AUN MEJOR EN LA CAMA

| Actividad | Calorías quemadas |
| --- | --- |
| Confesar sinceramente a su pareja lo que de verdad le excita ......................................... | 5 |

EXCEDERSE

| Actividad | Calorías quemadas |
|---|---|
| Calmar a una pareja horrorizada ................. | 163 |

## RETORCERSE

*(Un excelente medio para relajar los músculos.)*

| **Actividad** | **Calorías quemadas** |
|---|---|
| De | |
| Placer | 12 |
| Dolor | 12 ¼ |
| Cosquillas | 16 |
| *(Añada cinco calorías si su pareja lo tiene inmovilizado.)* | |
| Calambres | 9 |
| Algo que ha comido | 20 |

**Otros métodos para relajar los músculos**

| | |
|---|---|
| Volteretas | 15 |
| Contorsiones groseras | 28 |

## ATORMENTAR

Si se hace de forma moderada, atormentar a la pareja con una lengua (a ser posible la suya) puede resultar extremadamente erótico y quemar gran cantidad de calorías.

| **Actividad** | **Calorías quemadas** |
|---|---|
| Lamer a la pareja en todas partes, pero procurando evitar todas las zonas sexualmente sensibles ................................ *(En el caso de que su pareja sea muy velluda, se verá obligado a detenerse con regularidad para limpiarse la boca.)* | 20 |
| Resistirse constantemente a una pareja frustrada que intenta con desesperación empujarle la cabeza hacia zonas sexualmente sensibles ................................................ | 35 |

Nota: Si se excede en esta actividad, su pareja se impacientará e intentará dirigir su lengua hacia zonas sensibles, aferrándose y tirando de ella sin importarle si su cabeza la sigue o no.

## ACARICIAR

| **Actividad** | **Calorías quemadas** |
|---|---|
| Con | |
| Pluma | 4 |
| Mano | 6 |
| Puntas de los dedos | 7 |
| Puntas de los dedos de los pies | 68 |
| Salchicha de Frankfurt | 15 |
| Látigo de ante con nueve ramales | 22 |
| Matamoscas | 14 |
| Perro nervioso | 50 |
| Rotulador fosforescente | 11 |

## SEXO ORAL

| Actividad | Calorías quemadas |
|---|---|
| Cunilingus | 15 |
| Hemorragia nasal<br>*(Puede ser consecuencia de pareja sobreexcitada.)* | 5 |
| Felación<br>*(Requiere casi el doble de esfuerzo que el cunilingus porque se utilizan más músculos, en especial los del cuello, las manos y los ojos.)* | 30 |
| Intentar respirar por una nariz extremadamente congestionada | 14 |
| El truco del sombrero | 187 |
| Chupar los dedos de los pies | 12 |
| Con los zapatos puestos | 49 |

Una de las grandes ventajas del sexo oral es que, si ambos participantes gozan de una salud razonable, pueden continuar por tiempo casi indefinido. Los únicos efectos adversos serán una disminución temporal de la eficacia de las papilas gustativas, así como cierta dificultad a la hora de masticar cualquier alimento más consistente que el puré de manzana.

## RETIRAR EL PELO

| Actividad | Calorías quemadas |
|---|---|
| **De la lengua** ........ Una operación relativamente sencilla para la que se emplean los dedos pulgar e índice. Intente proceder con discreción. | 3 |
| **Del paladar** ........ Un poco más complicado. Tal vez necesite recurrir a un dedo y a la punta de la lengua. | 8 |
| **Del paladar blando** ........ Muy complicado, sobre todo si el paladar está trabado. Tal vez se vea en la necesidad de emplear la lengua además de un par de dedos, y quizá incluso el puño entero. Si todo esto no funciona, pruebe con un tenedor. | 14 |
| **De la úvula** ........ Si la úvula está rodeada de pelo, resulta muy sencillo retirarlo con unos alicates o una aspiradora. Es posible que su pareja se dé cuenta. | 20 |
| **De la garganta** ........ A menos que tenga a mano un mocho pequeño, le conviene más tragarse el pelo. Solo dos calorías por mechón, sea cual fuere el color. | 23 |

## DESHACERSE DEL PELO

Una vez extraído con éxito todo el pelo, deberá deshacerse de él sin ofender a su pareja. («Si me quieres a mí, querrás a mi pelo».) Lo más lógico parecería arrojarlo por el borde de la cama, pero un mechón de pelo es tan ligero que lo más probable es que se le quede pegado a los dedos. Acabará sacudiendo la mano con violencia, y lo único que conseguirá será echar a perder el ambiente. Considere las siguientes opciones:

| **Actividad** | **Calorías quemadas** |
|---|---|
| Limpiarse disimuladamente las manos con la sábana ........ | 1 |
| Limpiarse las manos con la pareja ........<br>*(Buena idea, pero el pelo siempre vuelve para atormentarle.)* | 3 |
| Volverlo a dejar donde lo ha encontrado ......<br>*(El movimiento de taladro puede molestar a su pareja.)* | 28 |

Nota: Le sugerimos guardarlo debajo del brazo hasta más tarde.

## LOGRAR UNA ERECCIÓN

| **Actividad** | **Calorías quemadas** |
|---|---|
| En el caso de un hombre normal y sano ....... | 2¼ |
| En el caso de una mujer normal y sana ........ | 549 |
| Para un hombre de cuarenta y seis años que dobla su ropa con toda pulcritud y todavía vive con su madre ......................................... *(Sobre todo si la madre espera abajo en un taxi.)* | 78 |

## MANTENER LA ERECCIÓN

| **Actividad** | **Calorías quemadas** |
|---|---|
| Hombres | 4 |
| Mujeres | 163 |

Algunos hombres consideran que es responsabilidad de la mujer y se limitan a permanecer tendidos, esperando que suceda algo. Dicha actitud favorece a la mujer, pues luchar contra la gravedad le permite quemar un montón de calorías. Una mujer afirma que pasó tres horas intentando excitar a un diácono muy tímido, y que en ese tiempo perdió un kilo pero que quedó tan debilitada que su vida empezó a pasarle como un relámpago ante los ojos.

## 3 % PÉRDIDA DE PESO COMPLEMENTARIA

| **Actividad** | **Calorías quemadas** |
| --- | --- |
| Pérdida de la erección | ¼ |
| Búsqueda de la misma | 115 |

## PONERSE EL PROFILÁCTICO

| Actividad | Calorías quemadas |
| --- | --- |
| Con erección | $1\frac{1}{4}$ |
| Sin erección | 300 |

Por lo general, es más conveniente esperar a estar preparado, aunque algunos hombres intentan ahorrar tiempo poniéndoselo antes, por ejemplo en el ascensor o durante la cena. Esta técnica no suele funcionar.

Nota: Los hombres miopes deberían añadir otras diez calorías y otros cinco minutos.

## INSERTARSE EL DIAFRAGMA

| Actividad | Calorías quemadas |
| --- | --- |
| Si la mujer que lo hace es | |
| Experta | 6 |
| Inexperta | 73 |
| Si lo hace el hombre sea cual fuere su experiencia | 680 |

Añada cinco calorías para recuperarlo en el otro extremo de la habitación; añada cien si lo deja ahí.

## RETRASOS

| **Actividad** | **Calorías quemadas** |
|---|---|
| Frigidez ........................................................ | 11 |

*Algunas causas habituales:*

- Su pareja lleva calzoncillos tipo bóxer con los días de la semana bordados y liguero
- La técnica de juego previo de su pareja consiste en encenderse un puro y encargar pollo por teléfono
- Su pareja se niega a mostrarle la cicatriz de la vasectomía
- Miedo a sentirse forzada
- Punzadas de hambre, y eso que acaba de comer
- Su pareja no para de preguntar «¿Ya te viene?»
- El volumen del televisor está demasiado alto
- El volumen del televisor está demasiado bajo
- Falta de intimidad (la doncella no para de entrar para pedir leche y galletas)
- El ala del sombrero de su pareja no para de darle golpes en la frente
- Enorme óleo de Karl Marx en el techo

## OTROS RETRASOS

| **Actividad** | **Calorías quemadas** |
|---|---|
| Impotencia ....................................................... | 11 |

*Algunas causas habituales:*

- Deseo de estar en la onda
- Sutil mecanismo de defensa contra el hecho de transmitir o contraer una enfermedad venérea
- Senilidad
- Acoso por parte de un perro enorme
- Límite de tiempo de tres minutos
- Ocho copas de vino
- Miedo al éxito
- Sexto intento en una hora
- Resaca
- El medallón de su compañera no para de metérsele en la boca cuando ella está encima

Nota: Siempre y cuando ninguno de los dos se inquiete, no hay nada de qué preocuparse y la relación sexual debería proseguir como si no pasara nada.

| **Actividad** | **Calorías quemadas** |
| --- | --- |
| Angustia emocional ........................................ | 22 |

Una crisis nerviosa leve, como por ejemplo, la histeria, la retirada, los baños de asiento, etcétera, es una reacción corriente y a menudo agradable a un ataque de impotencia o frigidez.* Sin embargo, si goza de buena salud, no tiene por qué preocuparse a menos que su pareja muestre un comportamiento hostil consistente en coger el teléfono e invitar a otro. En tal caso, pasará los siguientes dos meses paseándose en pijama y zapatillas y comiendo platos preparados sin siquiera descongelarlos.

* Las personas aquejadas de impotencia y frigidez deberían visitar a un médico de algún tipo

69 en doble mortal con tirabuzón.

# 4. Acto sexual y afines

Por lo general, la penetración sigue directamente al juego previo, excepto si el juego previo ha resultado muy intenso, en cuyo caso puede ser conveniente esperar un día o dos. Puesto que la penetración somete a nuestros recursos físicos y mentales a una gran tensión, deberíamos tener en cuenta los doce síntomas de la flojedad sexual:

---

1. Indiferencia a la arquitectura renacentista
2. Labios maníacos
3. Un zumbido en la boca
4. Imposibilidad de chasquear los dedos
5. Palpitaciones en el hígado
6. Pérdida de toda sensibilidad por debajo del nacimiento del cabello
7. Deseo irresistible y enfermizo de eructar
8. Impresionante mejora en la emisión de agudos
9. Cambio de grupo sanguíneo
10. Glándula salivar herniada
11. Necesidad acuciante de ingerir zumo
12. Mareo

## HACERLO POR PRIMERA VEZ

No se deje dominar por el pánico si la tierra no se mueve. La primera vez suele ser más intelectual que física. De hecho, a muchas personas se les ocurre la palabra «desastre» cuando les piden que describan su primera experiencia. En ocasiones también se emplean las palabras «catástrofe», «chapuza», «tragedia» y «pleito». Sin embargo, la mayor parte de los problemas desaparecen con tiempo, paciencia y una experiencia consistente en doscientas o trescientas parejas. De hecho, no es infrecuente que las personas dotadas de talento sexual pasen de la más completa inexperiencia a la perfección más apabullante en tan solo cuatro años. He aquí algunos de los problemas que surgen la primera vez:

| **Actividad** | **Calorías quemadas** |
|---|---|
| Manosear | 4 |
| Intentar desesperadamente poner algo en algún sitio | 18 |
| No acertar ni en pintura | 9 |
| Vergüenza | 15 |
| Decepción (el famoso síndrome «¿Quieres decir que eso es todo?») | 27 |

| | |
|---|---|
| Desdén | 30 |
| Cualquier episodio traumático<br>Llevar a la almohada al orgasmo inadvertida pero expertamente | 60 |
| La pareja se queda dormida | 41 |

## HACERLO POR ÚLTIMA VEZ

He aquí las calorías que se queman a causa de las razones más corrientes que impulsan a interrumpir la realización del acto sexual.

| **Actividad** | **Calorías quemadas** |
| --- | --- |
| Propósito para el nuevo año | 15 |
| Edad | |
| Excesiva | 1 |
| Insuficiente | 1 |
| Encontrar algo mejor | 5 |
| Falta de tiempo | 11 |
| Conversión religiosa | 15 |
| Descubrir que la penetración desvirtúa el juego previo | 22 |
| Le han embargado la cama | 16 |

## HACERLO

| Actividad | Calorías quemadas |
|---|---|
| **Decidir la postura** | |
| Echarlo a cara o cruz | 2 |
| Cortar una baraja | 2½ |
| Pito pito colorito | 3 |
| **Intentar la penetración** | |
| Con las manos | 4 |
| Con los pies | 500 |
| Antes de decidir la postura | 288 |

## PENETRACIÓN

| **Actividad** | **Calorías quemadas** |
| --- | --- |
| Si el hombre está preparado | ¼ |
| Si la mujer no lo está | 274 |

## PENETRACIÓN

| **Actividad** | **Calorías quemadas** |
|---|---|
| Si la mujer está preparada | $\frac{1}{4}$ |
| Si el hombre no lo está | 274 |

## SATISFACER A LA PAREJA

*(Dimensiones del órgano.)*

La mayoría de los expertos coincide en afirmar que las dimensiones no importan. Lo que importa es la forma, y un hombre con un órgano en forma de H puede hacer lo que le venga en gana. En los pocos casos en las que un hombre posee un órgano realmente pequeño* es posible que se vea obligado a esforzarse un poquito más, pero ello favorece la pérdida de peso. Un hombre con un órgano realmente grande** puede tenerlo más fácil una vez dentro, pero es posible que se agote intentando convencer a su compañera de que se lo deje meter.

| **Actividad** | **Calorías quemadas** |
|---|---|
| Dimensiones normales | 22 |
| Dimensiones mayores de lo normal | 15 |
| Dimensiones tremendas | 8 |
| Insignificante | 163 |

* 0,65 a 1,30 cm
** a partir de 30 cm

## POSTURAS

Experimentar constantemente con nuevas posturas no solo le brinda la oportunidad de exhibirse, sino que también le permite hacer ejercicio, perder peso y salvar su vida sexual de la monotonía. Por fortuna, el número de posturas posibles es casi infinito, y aun mayor si emplea una banqueta. La Academia Real del Tíbet reconoce más de 860,* el *Libro turco del placer* presenta 525, y Naciones Unidas aprueba oficialmente 203. Es muy poco frecuente toparse con personas incapaces de encontrar al menos diez modos completamente funcionales y satisfactorios de demostrarse mutuamente lo mucho que se importan. A continuación le ofrecemos una lista de las posturas más populares, todas las cuales combinan una gran pérdida de peso con un contacto físico productivo. Seleccione las que le resulten de mayor utilidad y no se desaliente si le lleva algún tiempo llegar a dominarlas por completo.

| **Actividad** | **Calorías quemadas** |
|---|---|
| Hombre encima, mujer debajo (cara a cara) | 20 |
| Hombre encima, mujer debajo (espalda contra espalda) | 749 |

* Sin embargo, 804 de ellas son bastante inútiles, a menos que sea usted un inválido sin esperanzas y ya no tenga nada que perder.

Mujer encima, hombre debajo ...................... 25
Muchas mujeres consideran que, además de sus posibilidades sexuales inherentes, esta postura les proporciona una mejor panorámica del reloj

De pie
Ambos participantes son de la misma estatura ........................................ 18
La mujer es treinta centímetros más alta que el hombre ........................................ 90
*(El hombre tendrá que efectuar varios saltos enérgicos a fin de alcanzar una satisfacción siquiera mínima.)*

En tracción ........................................ 124
*(Útil durante la temporada de esquí.)*

Bamboleo Immelmann ................................ 67
Ligera variante de la llamada postura inversa del misionero; los más aventureros la hallarán divertida. Colocada encima del hombre, la mujer levanta el muslo izquierdo y se lo pasa por detrás de la nuca, al tiempo que hace girar la pelvis hasta ponerse a dar vueltas como una descosida, lo que hace que su compañero se sienta útil. Esta postura no solo resulta agradable a la vista, sino que permite a la mujer alcanzar un clímax impresionante sin romperse la columna. (No recomendada para convalecientes.)

Por detrás (variante misteriosa) .................. 40½

Se ejecuta con el hombre colocado de rodillas, con los muslos separados, los codos apoyados en una almohada y la cabeza contra la pared. A continuación, la mujer se acerca por detrás y se pregunta qué debe hacer.

## POSTURAS POR NACIONALIDADES

Italiana: hombre encima, mujer en la cocina .. 26

Inglesa: mujer encima, hombre escondido ... 15

Alemana: cara a cara, pero en camas distintas ........................................................ 48

Oriental: hombre delante, mujer tres pasos a la zaga ........................................................ 51

Rusa: mujer debajo, hombre obteniendo autorización ........................................................ 55

Americana: ambos encima ........................... 60

## LUGARES

*(Valores calóricos adicionales para lugares que no sean la cama.)*

| Actividad | Calorías quemadas |
|---|---|
| En los suburbios | 3½ |
| En un taburete de bar | 20 |
| En la parte posterior de un Honda Civic | 38 |
| En una cabina telefónica | |
| De pie | 14 |
| En posición horizontal | 274 |
| En una silla de jardín (entramado de plástico) | 88 |
| Bajo una pirámide | ? |
| En un avión | |
| Asiento de pasillo | 24 |
| Asiento central (con un pasajero obeso a cada lado) | 42 |
| Asiento de ventanilla | 30 |
| En el lavabo | 100 |

| | |
|---|---|
| En una hamaca (en un día con brisa) ........... Añada 25 calorías si solo un extremo está atado a un árbol. | 50 |
| En una furgoneta con los amortiguadores en mal estado ........................................................ | 11 |

Cabe destacar que el placer aumenta cuando la relación sexual ocurre de forma espontánea, es decir, durante una película, durante la Cuaresma, saliendo del garaje, etc.

## ACTO SEXUAL

| **Actividad** | **Calorías quemadas** |
|---|---|
| Empezar (vencer la inercia) | ¼ |
| Moderado (sin demasiado entusiasmo) | 15 |
| Intenso (con gran entusiasmo) | 27 |
| Aporrear sin piedad | 50 |
| Convulsiones incoherentes | 75 |
| Shock | 100 |
| Desmayo | 125 |
| Hernia | 150 |
| Infarto | 227 |
| Muerte | 1 |

POSIBLES EFECTOS SECUNDARIOS DEL ACTO SEXUAL

| **Actividad** | **Calorías quemadas** |
|---|---|
| Rebotar | 7 |
| Deslizarse | 9 |
| Resbalar seriamente | 12 |
| Salto mortal | 20 |
| Tralla | 27 |
| Rodillas desolladas | 6 |
| Codos irritados | 5 |
| Nariz irritada | 11 |

## RUIDOS RELACIONADOS CON EL SEXO

| **Actividad** | **Calorías quemadas** |
| --- | --- |
| Risita ahogada | 7 |
| Carcajada | 11 |
| Jadeos cortos (por jadeo) | 3 |
| Respiración dificultosa | 5 |
| Chillidos | 4 |
| Gemidos de éxtasis | 11 |
| Gruñidos profundos | 8 |
| Chapoteo | 10 |
| Gritos | 16 |
| Aullidos | 18 |
| Ruegos desesperados | 22 |
| Cualquier conversación breve para dar instrucciones a la pareja<br>*(«No pares, por favor», «Un poquito más», «Más deprisa», «Dos centímetros más y a la derecha», son algunos ejemplos.)* | 25 |

Si le avergüenza que lo puedan oír sus vecinos, tápele la boca a su pareja con cualquier cítrico.

## LA BÚSQUEDA DE LA COMODIDAD

| **Actividad** | **Calorías quemadas** |
|---|---|
| Cambiar de postura | 16 |
| Hacerlo sin parar | 41 |

A menos que tenga sábanas antideslizantes, el serpenteo y los resbalones causados por la actividad sexual pueden provocar desplazamientos laterales considerables, y es posible que termine en posturas extraordinariamente incómodas y nada funcionales. *

Recomendamos cambiar de posición cuando se produzca cualquiera de las siguientes posturas:

- Se encuentra oscilando al borde de la cama y un perro agresivo con las patas en jarras está esperando que se caiga.
- Uno de los dos se cae de la cama. (Si continúa con el acto sexual, añada cien calorías.)
- De repente descubre que uno de sus hombros se encuentra sobre la cama y el otro está rozando el suelo.

* En casos extremos, una pareja puede recorrer hasta seis kilómetros durante tres horas de actividad sexual intensa. Después de empezar en la cama, una pareja se encontró dos horas más tarde esquivando bolos en la tercera pista del Bowl-O-Rama de Archie la noche de la Liga. No les hizo demasiada gracia.

- Se ha desplazado demasiado hacia arriba y se golpea repetidamente la cabeza contra la pared al ritmo de los empujones, lo cual le dificulta la tarea de concentrarse y conservar puesta la diadema.
- Una de las piernas se le ha enredado de tal forma en las sábanas que el pie se le está poniendo verde y la gangrena parece inminente.
- A causa de un tremendo empujón salen ambos despedidos a través de la ventana, lo cual pone en peligro todas las posibilidades de alcanzar un orgasmo realmente satisfactorio.

## ACERCÁNDOSE AL ORGASMO

| Actividad | Calorías quemadas |
|---|---|
| Dejarse llevar | 5½ |
| Conteneerse | 79 |
| Clavar las uñas en la espalda | |
| de la pareja | 11 |
| propia | 165 |
| Pasarse el chicle | 1 |
| Masticar más deprisa | 2 |
| Mucho más deprisa | 3½ |
| Temblar | 15 |
| Estremecerse | 20 |
| Tener escalofríos | 25 |
| Intentar mantener los ojos abiertos | 33 |

## ORGASMO

| Actividad | Calorías quemadas |
|---|---|
| Real | 27 |
| Fingido | 160 |

## ESCALA DE INTENSIDAD ORGÁSMICA

| **Actividad** | **Calorías quemadas** |
|---|---|
| Los zapatos han salido despedidos | 35 |
| La expresión no ha cambiado | ½ |
| La habitación se ha puesto morada | 4 |
| El rostro se ha puesto morado | 15 |
| La orquesta ha hecho un crescendo | 6 |
| Han cantado los pájaros | |
| Pájaros grandes | 7 |
| Pájaros pequeños | 3 |
| Explosiones mágicas | 10 |
| Han resonado las trompetas | 12 |
| Han resonado las flautas | 2 |
| Fuegos artificiales | 14 |
| Molinetes en llamas | 16 |
| Sábanas en llamas | 25 |
| La tierra ha temblado | 30 |
| El Vesubio ha entrado en erupción | 47 |
| Ha empezado usted a gemir en latín | 60 |

## RETIRADA

*(Despenetración.)*

| Actividad | Calorías quemadas |
|---|---|
| Después del orgasmo | ¼ |
| Unos instantes antes del orgasmo | 500 |

ORGASMOS MÚLTIPLES FEMENINOS

| **Actividad** | **Calorías quemadas** |
|---|---|
| Dos | 14 |
| Cinco | 30 |
| Ocho | 47 |
| Quince | 106 |

Según su codicia (y su capacidad de recuperación), una mujer puede gozar de ocho orgasmos en una hora sin perder el conocimiento ni despeinarse. Sin embargo, a medida que aumenta el número, es posible que empiece a experimentar síntomas de «disminución de cordura» que interferirán de forma temporal en su capacidad de cocinar, adorar y conducir un ciclomotor.

## MÚLTIPLES ORGASMOS MASCULINOS

| **Actividad** | **Calorías quemadas** |
|---|---|
| Dos | 21 |
| Tres | 39 |
| Cuatro | 57 |
| Doce | ?* |

La situación del hombre es distinta, tal vez debido a razones psicológicas y biológicas. Muchos hombres pueden alcanzar cuatro orgasmos en una hora sin apenas molestias aparte de un ligero zumbido en los oídos. Sin embargo, salvo pocas excepciones, los hombres que intentan alcanzar más de diez orgasmos en el mismo período de tiempo se arriesgan a sufrir lesiones cerebrales irreversibles.

* El sujeto entró en coma con demasiada rapidez como para poder establecer los valores calóricos.

ORGASMOS ESPECIALES

| Actividad | Calorías quemadas |
| --- | --- |
| Clitorídeo | 15 |
| Vaginal | 21 |
| Penil | 21 |
| Escrotil | 15 |
| Rectal | 25 |
| Oral<br>*(Puede producirse también durante una comida especialmente sabrosa.)* | 30 |
| Fútil | 1 |

## EYACULACIÓN PRECOZ*

*(Masculina.)*

| **Actividad** | **Calorías quemadas** |
|---|---|
| Durante la penetración | 2 |
| Durante el acto sexual<br>*(Aproximadamente dos segundos o tres empujones después de la inserción, según lo que venga primero.)* | 5 |
| Durante el juego previo<br>*(Preparando unos huevos revueltos, por ejemplo.)* | 3 |
| Durante la cena (muy precoz) | 1 |
| Aparcando el coche (hiperanticipación) | ¼ |
| Eyaculación inmadura<br>*(Similar a la eyaculación precoz, salvo que, en este caso, el hombre se pone infantil y coge una rabieta.)* | 4 |

* Con frecuencia causada por la incapacidad de hacer las cosas bien.

## CONSECUENCIAS DE LA EYACULACIÓN PRECOZ PARA LA MUJER

Aun cuando tenga usted buen corazón, se necesita mucha comprensión para no sentirse como una víctima cuando el compañero alcanza el clímax después de tres segundos de actividad sexual intensa, sobre todo si se levanta a toda prisa para ver un partido de fútbol americano en la tele.

| **Actividad** | **Calorías quemadas** |
|---|---|
| Frustración | 8 |
| Enojo | 15 |
| Brusco cambio de humor | 20 |
| Contener la rabia | 25 |
| No contener la rabia<br>En casos extremos, ello puede incluir actividades tales como mascullar juramentos, retorcerle la nariz al compañero o masajearle suavemente la cabeza con una llave para neumáticos. | 65 |

Tome nota de la injusticia: a los hombres nunca parece importarles que una mujer alcance el orgasmo después de tres segundos de actividad sexual.

## CONSECUENCIAS DE LA EYACULACIÓN PRECOZ PARA EL HOMBRE

| **Actividad** | **Calorías quemadas** |
|---|---|
| Mascullar juramentos ........................................ | 10 |
| Pedir disculpas .................................................... | 3 |
| Lloriquear ............................................................ | 5 |
| Pedir clemencia .................................................. | 8 |
| Mendigar otra oportunidad ............................... | 15 |

## ALCANZAR UN ORGASMO BAJO CIRCUNSTANCIAS INUSUALES

| **Actividad** | **Calorías quemadas** |
|---|---|
| Donando sangre | 45 |
| Después de dos botellas de vino<br>*(Incluso la penetración puede resultar un problema.)* | 50 |
| Hablando por teléfono | 15 |
| En una cama blandengue | 11 |
| Con parientes cercanos presentes en la habitación | 60 |
| Negociando un crédito | 100 |
| Durante una entrevista de trabajo | 100 |
| Durante el acto sexual | 8 |

## RETRASAR EL ORGASMO

Las pruebas médicas indican que el aplazamiento prolongado del orgasmo (de cuatro a seis semanas) impide el flujo de los jugos vitales, lo cual le hace sentirse abotargado y en guerra con el mundo. Sin embargo, retrasar el orgasmo durante un período de tiempo razonable apenas ocasiona daños y puede ser necesario para adaptarse a una pareja lenta. Un hombre cuya compañera lleva más de dos horas repitiendo «todavía no» se verá en la necesidad de contenerse. Sin embargo, en un momento dado se sumirá en la desesperación y se preguntará si va a morirse. En ocasiones, las mujeres creen conveniente posponer el orgasmo si creen que se odiarán a la mañana siguiente o después de comer a más tardar. He aquí algunos consejos para retrasar el orgasmo sin salir de la habitación:

- Piense en sus dientes.
- Revise mentalmente la crisis de Oriente Medio.
- Coja un lápiz y sume el importe de una lista de la compra reciente sobre la almohada o bien sobre la frente de su pareja.

Es importante destensar los músculos rígidos tras cada asalto.

# 5. Después

Lo que sucede inmediatamente después de la relación sexual puede ser tan importante como lo que ha sucedido durante la misma. Algunas personas encienden un cigarrillo enseguida. Otras lo apagan. Por lo general, la mayoría de la gente se concentra en convencer a su pareja de que ha sido absolutamente satisfactorio y maravilloso. Ello se consigue fácilmente limitándose a permanecer tendido con expresión satisfecha (una mirada fija e insípida resulta muy adecuada) en lugar de correr al lavabo y frotarse con Ajax.

## 4 % PÉRDIDA DE PESO COMPLEMENTARIA

| Actividad | Calorías quemadas |
|---|---|
| Evitar la mancha mojada | 20 |

## COSAS QUE SUELEN DECIRSE DESPUÉS DEL ACTO SEXUAL

| Actividad | Calorías quemadas |
| --- | ---: |
| Cualquier exclamación poscoito .................... | 15 |

Ejemplos:

«¡Administren más sedantes!»
«Llevas la peluca al revés.»
«¿Lo has pasado bien?»
«Te estoy tan agradecido/a.»
«Nos debe de haber sentado mal la comida.»
«No vuelvas a hacerlo.»
«¿Qué tal va?» (También se dice durante el acto sexual.)
«Tengo un dolor de cabeza terrible.»
«Fuera.»
«Felicidades.»
«¿Has terminado?»
«¿He terminado?»
«Es un milagro.»
«Lo has hecho mal.»
«Estoy exhausto/a.»
«Ayúdame, por favor.»
«¿Cuándo comemos?»

## POSIBLES EFECTOS SECUNDARIOS DE UNA BUENA RELACIÓN SEXUAL

El primer indicio de que el sexo ha constituido una experiencia positiva será un zumbido en la región pélvica y un cutis terso y suave. Asimismo, es posible que se sienta agradablemente ligero, como si estuviera dormitando en una tina de crema de queso. Si la relación sexual ha sido magnífica, se sentirá peligrosamente agotado, como si su cuerpo hubiera estado conectado a una enorme ordeñadora durante varios días. Entre otras reacciones se encuentran las siguientes:

| **Actividad** | **Calorías quemadas** |
|---|---|
| Pérdida del conocimiento | 6 |
| Palpitaciones | 10 |
| Falta de aliento | 5 |
| Sudor | 8 |
| Amnesia | 22 |
| Bronquitis | 25 |
| Lesiones gingivales leves | 12 |

## POSIBLES EFECTOS SECUNDARIOS DE UNA MALA RELACIÓN SEXUAL

| **Actividad** | **Calorías quemadas** |
|---|---|
| Actitud huraña, por así decirlo ..................... | 1 |

## RECUPERACIÓN

| Actividad | Calorías quemadas |
|---|---|
| Desentrelazarse ............................................. | 3 |
| Recuperar el control motriz de la pelvis ...... Después de una relación sexual especialmente agotadora, es posible que termine insensibilizado desde la cintura hasta la pared de enfrente. Como consecuencia, tal vez le resulte imposible andar (es decir, poner un pie delante del otro), lo cual reducirá de forma considerable sus posibilidades de ir al baño o a buscar comida. | 7 |
| Levantarse .................................................... | 9 |
| Ir a buscar un zumo ....................................... | 11 |
| Expresar agradecimiento ............................. | 2 |

## DARSE LA VUELTA Y DORMIRSE

| **Actividad** | **Calorías quemadas** |
|---|---|
| Después del acto sexual ................................<br>Conducta clásica de hombres sin aspiraciones que creen que han cumplido con su tarea y se han ganado un descanso. Dicho «descanso» puede incluir ronquidos. | 18 |
| Durante el acto sexual ..................................<br>Las mujeres lo consideran un modo sutil pero directo de indicar que están insatisfechas. | 32 |
| Durante el juego previo ................................<br>Indica un caso avanzado de fatiga o bien una falta grave de interés. | 12 |
| En la cocina ...................................................<br>La situación es desesperada. | 5 |
| Darse la vuelta y caerse de la cama ............. | 2 |

## SUEÑO

| **Actividad** | **Calorías quemadas** |
|---|---|
| Real | 5 |
| Fingido | 74 |

Buena forma de zafarse de una pareja obsesionada por el sexo que no desiste. Fingir estar dormido también constituye una técnica de evasión fiable cuando, una vez finalizada la relación sexual, a uno le encantaría de repente poder hacer desaparecer a su compañero. Ello puede suceder cuando uno se acuesta con alguien solo por el sexo, lo cual es pecado.

## VOLVER A INTENTARLO

| Actividad | Calorías quemadas |
|---|---|
| Si la mujer está preparada | 5 |
| Si el hombre no lo está | 156 |

## ORDENAR Y LIMPIAR

| Actividad | Calorías quemadas |
|---|---|
| Azuzar a la pareja para que vaya al baño | |
| Descalza | 6 |
| En zapatillas | 18 |
| En aletas | 50 |

## DUCHARSE

| Actividad | Calorías quemadas |
| --- | --- |
| Solo ........................................................... *(Para quemar algunas calorías adicionales, sostenga la pastilla de jabón completamente inmóvil y mueva el cuerpo.)* | 7 |
| Con la pareja ................................................... | 12 |
| Con ducha de cabezal multifuncional ........... | 133 |
| Sin agua caliente .......................................... *(Incluye contorsiones y muecas espantosas.)* | 187 |
| Bañarse en pareja | |
| En la bañera ............................................... | 5 |
| En el fregadero ........................................... | 28 |
| Pasarse el mocho mutuamente ...................... | 10 |
| Cepillarse los dientes mutuamente ............... | 25 |

## SECARSE

| **Actividad** | **Calorías quemadas** |
|---|---|
| Empleando | |
| Una lujosa toalla de baño | 6 |
| Una toalla grande de lavabo | 9 |
| Un paño pequeño de aseo | 15 |
| Dos hojas de papel higiénico | 21 |
| Delante del ventilador | 1 |
| Retorciéndose y dando brincos | 37 |

## HACER LA CAMA

| **Actividad** | **Calorías quemadas** |
|---|---|
| Con la pareja aún metida en ella ....................<br>*(Indica una obsesión por la limpieza, un trastorno ocular grave o la existencia de una pareja muy cansada.)* | 44 |
| Con uno mismo aún metido en ella ...............<br>*(Indica renuncia extrema o profunda insatisfacción.)* | 97 |
| Reparar el mueble ............................................ | 22 |
| Enjuagar las sábanas .................................... | 25 |
| Sacudirlas ........................................................ | 15 |
| Eliminar la cera de las velas ......................... | 10 |

Tra-pezon-istas.

# 6. Actividades complementarias

En la relación sexual se comprime tanta actividad que a veces no nos percatamos de que la pérdida de peso se produce de forma constante y en ocasiones cuando menos nos lo esperamos. Por ejemplo, ¿sabía usted que las fantasías pueden quemar otras veinte calorías y aun más si desespera? ¿O que una sesión de sadomasoquismo depravado puede proporcionarle una cintura más esbelta? En este apartado demostraremos que las llamadas zonas marginales del sexo pueden desempeñar un papel importante no solo en la quema de calorías, sino también en convertir el sexo en algo especial.

## FANTASÍAS MASCULINAS

La fantasía puede utilizarse para cualquier propósito, desde perfeccionar una experiencia sexual ya magnífica hasta apartar a una pareja sosa y concentrarse en algo más agradable. Sobrevivir ocho minutos con un camionero llamado Earl que la ha convencido por radio para que se acueste con él, por ejemplo, puede conseguirse mediante la fantasía de hacer el amor con un nazi muy pulcro que le canta melodías de Wagner al oído. He aquí algunas fantasías sexuales corrientes y las calorías que se queman al pensar en ellas.

| **Actividad** | **Calorías quemadas** |
|---|---|
| Ser el esclavo sexual de cinco *starlets* insomnes | 18 |
| Acostarse con una cuáquera llamada Natasha | 14 |
| Relación sexual casual con una corneta | 9 |
| Juego previo con una rana asustadiza | 11 |
| «Lucha amorosa» con un alce | 22 |
| Acostarse con un pollo enfundado en un diminuto chubasquero de goma | 15 |
| Hacer el amor con una hogaza de pan | 5 |
| Hacer el amor en una mochila *(constrictus claustrofobus)* | 12 |

## FANTASÍAS FEMENINAS

| **Actividad** | **Calorías quemadas** |
|---|---|
| Sexo salvaje con un carnicero divertido ...... | 20 |
| Juego previo con un contable alucinado ...... | 17 |
| Hacerlo en el centro de Sheboygan .............. | 40 |
| Ser violada por un senador .......................... | 9 |
| Una tarde en la cama con un delfín cariñoso .. | 15 |
| Acostarse con un profesor de baile latino que lleva zapatos de claqué .......................... | 23 |
| Ser arrastrada al interior de un edificio en llamas por un perro cobarde llamado Herman ........................................................ | 12 |
| Acostarse con un renegado muy viril .......... | 25 |

## SUEÑOS

| **Actividad** | **Calorías quemadas** |
|---|---|
| Sueño normal ........................................ | 2 |
| Sueño húmedo ........................................ (Añada cinco calorías si sucede mientras está en la cama con su pareja; añada veinte calorías si su pareja se da cuenta.) | 16 |
| Sueño seco ........................................ | 1 |
| Trance húmedo ........................................ *(Suele ocurrir en presencia de un hipnotizador sensual.)* | 20 |

## SEXO EN GRUPO

| Actividad | Calorías quemadas |
| --- | --- |
| Presentarse | 3 |
| Vencer la timidez | 8 |
| Cambiar de pareja | |
| Voluntariamente | 4 |
| En contra de su voluntad | 62 |
| Celos (su pareja lo está pasando mejor que usted) | 16 |
| Dobles mixtos | 26 |
| Mostrarse amable con todo el mundo | 100 |
| Crisis de identidad | 18 |
| Enojo (De repente se da cuenta de que lo quieren por su cuerpo y no por su mente. Resulta difícil afrontarlo, sobre todo si es usted doctor en filosofía y letras.) | 10 |
| Encontrar la ropa | 5 |

## MASTURBACIÓN

Además de ser una alternativa viable a la televisión, las compras y las borracheras, la masturbación es un método rápido y económico para entrar en calor.

| **Actividad** | **Calorías quemadas** |
|---|---|
| Solo por placer | 6 |
| También para hacer ejercicio | 10 |
| Para eliminar tensiones | 12 |
| Para pasar el rato | 7 |
| Para evitar atiborrarse de comida | 16 |
| Para entrar en contacto con lo más íntimo de su ser | 10 |
| Para entrar en contacto con lo menos íntimo de su ser | 10¼ |
| Para evitar la locura | 24 |
| Para evitar gastar dinero en una cita | 9 |

| | | |
|---|---|---|
| Empleando | | |
| La(s) mano(s) | de la forma habitual ........... | 11 |
| | detrás de la espalda ........... | 500 |
| | el (los) dedo (s) ................. | 9 |
| Alicates ......................................................... | | 2 |
| Una muñeca hinchable llamada Heidi .......... | | 24 |
| Un micrófono ................................................ | | 14 |
| Un mono ceñido ............................................ | | 17 |
| Cualquier tipo de fruta o verdura | | |
| (excepto sandía y un manojo de perejil) .. | | 19 |
| Un bocadillo (sin mayonesa ni lechuga) ....... | | 15 |
| Un hidromasaje ............................................ | | 5 |
| Un vibrador: | | |
| manual ....................................................... | | 12 |
| de cuerda .................................................. | | 9 |
| eléctrico .................................................... | | 5 |
| diesel (todavía en fase experimental) ..... | | 74 |
| Cualquier objeto no mencionado anteriormente ............................................... | | 50 |
| En una sala X: | | |
| Comprando la entrada ............................ | | 2½ |
| Encontrando una butaca aislada antes de que la vista se haya acostumbrado a la oscuridad ................................................. | | 78 |
| Dando un traspié ...................................... | | 50 |
| Poniéndose el chubasquero ...................... | | 3 |

## FETICHISMO

No hay nada anormal en complementar las actividades sexuales con objetos que suelen encontrarse en escenarios menos eróticos. Algunas personas solo alcanzan la satisfacción plena si llevan zapatos de suela de linóleo. Otros prefieren practicar el juego previo con marineros que se depilan las piernas con cera. La devoción erótica por cosas como el cuero, el cobre, la pasta o las medias solo indican que uno piensa por sí mismo en lugar de limitarse a seguir a los demás. Para perder más peso, pruebe uno de estos populares fetiches:

| **Actividad** | **Calorías quemadas** |
|---|---|
| Acostarse con una pareja enfundada en una armadura | 472 |
| Hacer el amor llevando un reloj de goma | 9 |
| Hacer el amor en un tiovivo de 7 cm | 146 |
| Cualquier fetiche consistente en arenque ahumado | 23 |
| Insistir en que la pareja lleve una kipá de plástico con orejeras | 17 |
| Hacer el amor vestido de submarinista | 58 |
| Acostarse con alguien ataviado con botas altas de cuero | 97 |

## SADOMASOQUISMO

Además de ensalzar la experiencia sexual, el sadomasoquismo también impedirá que un compañero glotón dé cuenta de toda la comida. Un aparato sadomasoquista fiable puede ser cualquier cosa, desde una media de nailon hasta un trozo de cadena industrial o un sistema de control ultrasofisticado, como por ejemplo un rollo de cinta adhesiva y unos tirantes.

| **Actividad** | **Calorías quemadas** |
|---|---|
| Atar a la pareja con una cuerda (he aquí algunos de los nudos más populares): | |
| pata de oveja | 7 |
| nudo corredizo | 8 |
| media vuelta de cabo | 9 |
| nudo en forma de ocho | 11 |
| nudo cuadrado | 12 |
| Atar a la pareja con una corbata: | |
| nudo Windsor | 9 |
| medio Windsor | 4½ |
| Para los menos mañosos sugerimos | |
| Esposas | 3 |
| Grillos | 6 |
| Grilletes | 5 |
| Pegamento | 10 |

Huida

Intentar liberarse mientras la pareja le hace cosquillas en los pies ........................ 41

Deshacer nudos

Con las uñas ........................................ 7

Sin las uñas ......................................... 22

## DISCIPLINA

Una excelente actividad para quemar calorías, sobre todo si la pareja se opone.

| **Actividad** | **Calorías quemadas** |
| --- | --- |
| Azotar a la pareja con: | |
| el palo de un polo | 2 |
| cordón de zapato | 2 |
| *(Añada diez calorías si no lo ha quitado del zapato.)* | |
| palillo chino | 4 |
| espátula médica | 4 |
| ala de pollo | 6 |
| *(Añada doce calorías si no la ha separado del pollo.)* | |
| remo | 15 |
| árbol de dirección de coche de lujo | 20 |

## LATIGAZOS

| Actividad | Calorías quemadas |
|---|---|
| Con un látigo de calidad superior (por latigazo) .................................................. <br>Incluye mango de ébano envuelto en cuero italiano, buen equilibrio y radio empotrada con AM/FM . Gucci fabrica un látigo muy elegante con las iniciales grabadas. | 3 |
| Con un gato de nueve colas ............................ | 27 |
| Propinar una paliza a una gallina inquieta .. | 10 |

## 5 % PÉRDIDA DE PESO COMPLEMENTARIA

| **Actividad** | **Calorías quemadas** |
|---|---|
| Azotaina (por azote) .................................... | 5 |

La forma más sencilla y satisfactoria de azotar es colocar a su pareja sobre sus rodillas y propinarle cachetes en las nalgas con la mano abierta. (A fin de evitar una tragedia, asegúrese de que su pareja está tendida boca abajo.) Si se le cansa la mano, no se corte y use la de su pareja. Para incrementar la cantidad de calorías quemadas de forma significativa, altere ligeramente el procedimiento arriba descrito colocando a su pareja sobre sus rodillas, pero permaneciendo de pie.

Para aquellos que estén demasiado exhaustos como para propinar latigazos, azotainas, golpes y otras tareas manuales similares, pero quieran gozar con algún tipo de disciplina, recomendamos tenderse en la cama y hacer ir de bólido a la pareja. Ello requiere poco esfuerzo y ahorra en gran medida el cansancio y desgarro de piel y huesos.

| | |
|---|---|
| Dar a su pareja cualquiera de las siguientes órdenes ........................................................ | 3 |

«¡Atención!»

«¡Tráeme una galleta, esclavo/a!»

«¡Muerde la moqueta!»
«¡Saca brillo a mis pies!»
«¡Da saltos por la habitación, pero haciendo la vertical!»

---

En sustitución de cualquiera de las órdenes mencionadas, puede reñir a su pareja por alguna infracción imaginaria.

---

Nota: Si su pareja también está cansada, él o ella puede fingir obedecer contestando «¡A la orden!», pero sin mover un dedo.

## SEXO CON ANIMALES

| Actividad | Calorías quemadas |
| --- | --- |
| Una oveja agradecida | 22 |
| Un jabalí con verrugas iracundo | 150 |
| Un asno hambriento de amor | 100 |
| Un águila en pleno vuelo | 583 |
| Un ratón de campo muy viril | ¼ |
| Un pollo tímido | 2 |
| Cualquier pez de menos de 20 cm | 3 |
| Un alce de América elegante | 79 |

Las personas que no soportan las críticas recurren a veces al reino animal, pues las probabilidades de recibir una bronca o tener que entablar conversaciones insulsas son casi nulas.* Los únicos inconvenientes son la falta de comunicación significativa y, en el caso de animales grandes como los leones, el riesgo a ser devorado. Una famosa sexóloga sostiene en su libro *Una noche en el zoo* que obligar a un animal a tener relaciones sexuales puede tener graves repercusiones psicológicas... en el animal.

* Es posible que a veces tenga que decir «¡Uuauu!» o «¡Ven aquí, chico!»

## PRÁCTICAS SEXUALES EXÓTICAS

| Actividad | Calorías quemadas |
|---|---|
| Hacer que su pareja cabalgue sobre su cara ... | 70 |
| Sostener la dentadura postiza en la mano y dar mordisquitos amorosos a su pareja .... | 18 |
| Realizar los juegos previos haciendo submarinismo .................................................. | 100 |
| Hacer el amor en una cama vibradora ......... | 46 |

Las camas vibradoras suelen encontrarse en los moteles frecuentados por personas con problemas de espalda. Busque un motel que exhiba el cartel «Bienvenidas las personas con problemas de espalda». Dichas camas se activan bien insertando una moneda en la ranura o, si es usted un tacaño, haciendo un puente con los cables. Evite las camas vibradoras si acaba de comer un montón de chile.

## SEXO HOMOSEXUAL

| Actividad | Calorías quemadas |
|---|---|
| Juego previo divertido | 4 |
| Impotencia alegre | 1 |
| Erección garbosa | 3 |
| Coito hilarante | 6 |
| Posturas temerarias | 6 |
| Gemidos vivaces | 2 |
| Gritos de gozo | 3 |
| Orgasmo atolondrado | 7 |
| Eyaculación jocosa | 5 |
| Regocijo posorgásmico | 6 |
| Fatiga afable | 2 |
| Hacer morir de risa a la pareja con un chiste | 3 |
| Rodar por el suelo de risa | 4 |
| Rodar sobre la pareja de risa | 6 |
| Sadismo amistoso | 8 |
| Sadomasoquismo boyante | 7 |
| Bailar sobre la cama | 10 |

## OTRAS EXPERIENCIAS ERÓTICAS

*(Para una pérdida de peso «rápida».)*

| **Actividad** | **Calorías quemadas** |
|---|---|
| Observar cómo se afeita la pareja ................ | 4 |
| Beber de un *jacuzzi* ...................................... | 10 |
| Comer medio kilo de crema de chocolate con alicates .................................................. | 40 |
| Estudiar un libro de cocina irlandesa .......... | 1 |
| Fumarse un arenque sin filtro ...................... | 13 |
| Retozar desnudo en el escaparate de una panadería ............................................. | 72 |
| Masturbarse mutuamente a base de guiños | 90 |
| Cerrar un trato ............................................. | 50 |
| Acariciar el equipo de música ....................... | 30 |
| Lamer hasta el último rincón de un Porsche | 100 |
| Preparar juntos una cena de quince platos sin emplear ningún utensilio ....................... | 80 |
| Hacer el amor entre sábanas de vinilo ......... | 18 |
| Celebrar una reunión de Tupperware .......... | 82 |
| Grabar sus gritos de amor y hacérselos escuchar a su dentista ................................. | 51 |

## LLEVAR UN DIARIO

Además de este libro, llevar un diario de la actividad sexual resultará útil para controlar la pérdida de peso. No es necesario entrar en detalles; limítese a anotar la actividad y la cantidad de calorías quemadas. Por ejemplo, una entrada típica en el diario de una mujer respecto a una experiencia sexual agradable y discreta podría rezar como sigue:

**1 de junio: Sexo con Harold**

| **Actividad** | **Calorías quemadas** |
|---|---|
| Explicar cómo hacerlo | 12 |
| Sugerir algo diferente | 3 |
| Calmar al aterrorizado Harold | 40 |
| Animarlo a quitarse al menos los calcetines | 8 |
| Juego previo (un poco de esto, un poco de lo otro) | 56 |
| Acto sexual | |
| De pie | 22 |
| Sostener a Harold en brazos | 10 |
| Instarle a seguir | 5 |
| Orgasmo | No lo sé con seguridad |
| Dar las gracias a Harold | 3 |
| Decirle adiós agitando el brazo | 1 |

Tiempo total: seis minutos (el taxi espera)

*Total calorías quemadas* **160**

¿Ya hay alguien mirando adelante?

# 7. Problemas diversos, urgencias y catástrofes

*«Los accidentes más graves se producen en un radio de ochenta kilómetros de casa.»* *

CHAUNCEY FARNUM, **C L U**

Las siguientes páginas mencionan las calorías que se queman al enfrentarse a situaciones de estrés que se producen con frecuencia durante la actividad sexual y entre las que se encuentran el *shock*, la angustia, el miedo, la irritación y la incomodidad. Todas ellas pueden sobrevivirse sin problemas si uno tiene sentido del humor o bien es capaz de vestirse a toda máquina.

* Hay excepciones. Una turista iraní se cayó de la bicicleta en Los Ángeles, y un americano gordo se desgarró los pantalones al sentarse en un taburete de la marisquería Ezio, situada en Roma.

## ENVIDIA DEL PENE

| **Actividad** | **Calorías quemadas** |
|---|---|
| En el caso de la mujer ..................................... | 3 |
| En el caso del hombre ..................................... | 72 |

## TEMORES TÍPICOS RELACIONADOS CON EL SEXO

*(Racionales e irracionales.)*

| **Actividad** | **Calorías quemadas** |
|---|---|
| Mi pareja me odia por lo que he hecho .......... | 4 |
| Mi pareja me odia por lo que no he hecho ..... | 8 |
| En cualquier momento, mis abuelos entrarán en la habitación y se sentarán sin hacer ruido | 5 |
| Olvidar las instrucciones del manual sexual | 10 |
| Tener un orgasmo demasiado pronto ........... | 5 |
| Tener un orgasmo demasiado tarde ............ | 6 |
| No tener orgasmo ........................................ | 20 |
| Mi pareja me toma por un objeto sexual ...... | 9 |
| Mi pareja no me toma por un objeto sexual . | 47 |
| Mi pareja olvidará administrarme la extremaunción en caso de que no me recupere del orgasmo .................................. | 88 |

## MIEDOS PERSONALES

Algunas carencias reales o imaginarias que su pareja puede advertir:

| **Actividad** | **Calorías quemadas** |
|---|---|
| El aliento le huele como el sombrero de un borrachín | 4 |
| Celulitis gigantesca que tiembla y oscila durante el orgasmo | 6. |
| Estrías que parecen un campo arado | 8 |
| Poros enormes | 5 |
| Ausencia de poros | 10 |
| Fundas dentales de mala calidad que se menean | 11 |
| Exceso de vello en las axilas | 3 |
| Un cinturón de grasa en el abdomen que se nota sobre todo cuando se sienta | 20 |
| Olor corporal de un yak disgustado | 25 |

Nota: Se ha señalado que las personas que aprendieron a ir al lavabo y a asearse tarde (durante la adolescencia o pasados los veinte años) tienen un miedo impresionante a todo.

## SENTIMIENTO DE CULPABILIDAD

*(Con frecuencia empleado por los masoquistas para contrarrestar la felicidad.)*

| **Actividad** | **Calorías quemadas** |
|---|---|
| Causado por | |
| Masturbación | 10 |
| Le gusta el sexo | 7 |
| Le encanta el sexo | 20 |
| Nunca quiere parar excepto para medirse la temperatura | 30 |
| Posibles situaciones desencadenantes | |
| Pese a la carencia casi total de formación formal, el orgasmo llega con facilidad, naturalidad y espontaneidad | 53 |
| Está disfrutando del sexo a pesar de que otras personas se están muriendo de hambre | 2 |
| Sexo a la hora de comer | 3 |
| Y lo apunta en su cuenta de gastos | 20 |

## FRUSTRACIÓN

Aunque la ciencia no ha determinado aún con precisión por qué la frustración quema calcrías, sabemos que la gente pierde peso cuando se frustra, probablemente porque patalea. He aquí algunas situaciones típicas que surgen durante la actividad sexual.

| Actividad | Calorías quemadas |
|---|---|
| Su pareja no para de enseñarle sus plantas .... | 5 |
| Su pareja insiste en abrazar al perro durante el juego previo ............................................ | 14 |
| Su pareja acaba de ir al lavabo por séptima vez ......................................................... | 10 |
| Su pareja contesta a las llamadas telefónicas . | 7 |
| Su pareja está haciendo llamadas telefónicas . | 40 |
| Su pareja se niega a quitarse las joyas, es decir, el reloj, el broche, la placa de identificación, el medallón y el collar antipulgas ................ | 20 |

MÁS FRUSTRACIÓN

| **Actividad** | **Calorías quemadas** |
| --- | --- |
| Rechazo ........................................................ | 24 |

*Es un indicio de rechazo el hecho de que la pareja:*

- Insista en que saque usted los pies por la ventana
- Traiga una botella de champaña con tapón de rosca
- Intente aplicarle una terapia de choque con una tostadora
- Intente robarle
- Intente hacer la cama durante el juego previo
- Le sirva un 7-Up caliente
- Le pida que baje la basura
- Afile un cuchillo en su sien
- No se quite los guantes
- Le doble los dedos en el sentido equivocado
- No pare de enviar telegramas
- Coloque una trampa para osos en la almohada

## ÚLCERAS DE DECÚBITO

| Actividad | Calorías quemadas |
|---|---|
| En la cama | 20 |
| Sobre moqueta barata | 5 |
| Sobre cualquier superficie empleada por lo general para fines industriales | ½ |

El riesgo de padecer úlceras de decúbito a causa de una actividad sexual prolongada no es remoto, sobre todo porque las úlceras de decúbito son extremadamente contagiosas. De hecho, tenemos conocimiento de parejas que se han levantado de la cama con sendas heridas de aspecto espantoso cubriéndoles el cuerpo desde la nuca hasta el tendón de Aquiles. A fin de evitar este percance, recomendamos salir de la cama una vez cada hora, meter las sábanas en el congelador y realizar durante al menos diez minutos ejercicios tales como estiramientos, flexiones, abdominales y saltos mortales hacia atrás.

Nota: Las úlceras de decúbito pueden evitarse también aplicando generosamente cera para automóvil, aceite de oliva o limpiador de muebles. En casos especialmente graves, una ración de pizza ha demostrado ser una cataplasma muy eficaz.

## SORPRENDIDOS IN FRAGANTI

| **Actividad** | **Calorías quemadas** |
|---|---|
| Por el cónyuge de la pareja | 60 |
| Por el cónyuge propio | 60½ |
| Intentar dar una explicación | 165 |
| Tartamudear | 28 |
| Vomitar | 40 |

Los valores calóricos son variables, ya que dependen del tipo de cónyuge; es decir, de si es comprensivo y abierto o bien si es cerrado y va armado.

## CASI SORPRENDIDOS IN FRAGANTI

| Actividad | Calorías quemadas |
|---|---|
| Intentar conservar la calma ........................ | 100 |
| Miedo (incluye temblores) ............................ | 66 |
| Saltar de la cama ............................................ | 25 |
| Vestirse en un solo movimiento ................... | 300 |
| Dar apresuradamente las gracias a la pareja | 2 |
| Saltar por la ventana ...................................... *(Añada cinco calorías si la ventana no estaba abierta.)* | 15 |
| Aterrizar ........................................................ | 1 |
| Correr como alma que lleva el diablo............ | 50 |

## SITUACIONES AMENAZADORAS

| **Actividad** | **Calorías quemadas** |
| --- | --- |
| La pareja llega ataviada con un traje informal de cuero y tomándose una lata de aceite de motor ........................................ | 34 |
| La pareja se ha traído a un pariente ............ | 40 |
| El juego de sumisión se está desmadrando .. | 50 |
| Después de buscar subrepticiamente durante tres horas la cicatriz de la vasectomía de su compañero, no la encuentra .................................................. | 100 |

## INTERRUPCIONES Y DISTRACCIONES

| **Actividad** | **Calorías quemadas** |
| --- | --- |
| Alguien está espiando | 15 |
| Vecinos ruidosos | 7 |
| Disco rayado | 5 |
| Luz de luna | ¼ |
| Niño rayado | 10 |
| La pareja lleva un sombrero ridículo | 6 |
| Teléfono | 4 |
| Bandada de ocas | 11 |
| Guerra | 70 |
| La cama empieza a arder | 15 |
| Hambre | 9 |
| El heladero hace sonar las campanillas de su furgoneta | 14 |
| Llaman a la puerta<br>(Testigo de Jehová vendiendo la revista *Atalaya*.) | 10 |
| Reanudar la actividad donde la había dejado | 30 |

## MOLESTIAS FÍSICAS

| **Actividad** | **Calorías quemadas** |
|---|---|
| Calambre en la pierna .................................... | 36 |
| Una molestia común que ataca sin previo aviso. Por lo general afecta a aquellos que intentan adoptar una postura que desafía las leyes de la gravedad o que no han realizado un calentamiento suficiente (véase capítulo I). La consecuencia es una necesidad acuciante de estirar la pierna inmediatamente, aunque ello signifique propinar una patada a la pareja, caerse al suelo y convertir el orgasmo en una experiencia aterradora. | |
| Estornudo | |
| Durante el acto sexual .............................. | 7 |
| Durante el sexo oral | |
| Para el estornudante ............................ | 19 |
| Para el estornudado ............................ | 280 |

Nota: Las personas aquejadas de fiebre del heno deberían evitar cualquier actividad sexual en campos de ambrosía o librerías polvorientas.

## NECESIDADES FISIOLÓGICAS

| **Actividad** | **Calorías quemadas** |
|---|---|
| Ir al lavabo y acabar con el asunto de una vez | 8 |
| Apretar los dientes y contenerse hasta que ya no pueda soportar el dolor ........................ | 100 |

Nada resulta más penoso que abandonar una cama agradable y calentita que contiene otro cuerpo agradable y calentito para cumplir con una obligación tan tediosa. Por otro lado, quedarse en la cama y esperar a que se le pase nunca funciona, por mucho que rece.

Nota: Si su pareja está de acuerdo, puede guardar un orinal de porcelana bajo la cama para casos de emergencia.

## DESEMBARAZARSE DE LOS ANIMALES DOMÉSTICOS

| **Actividad** | **Calorías quemadas** |
|---|---|
| Perros nerviosos y diminutos que pesen menos de doscientos gramos ........................ | 3 |
| San Bernardo juguetón ................................ | 20 |
| Doberman celoso .......................................... | 92 |
| Cualquier perro callejero enfurecido............ | 50 |
| Gato ................................................................... | 6 |
| Periquito resentido ...................................... | 2½ |

Si bien por lo general bastará con un manotazo resuelto, nosotros defendemos el uso de pistolas, porras o bien una voz increíblemente potente.

## SURTIDO DE ACCIDENTES

| Actividad | Calorías quemadas |
|---|---|
| Se le cae el peluquín | |
| Si la pareja sabía que lo llevaba | 6 |
| Si la pareja no lo sabía | 72 |
| Los gemidos apasionados causan la caída de la dentadura | 28 |
| Apagar el cigarrillo | |
| En el cenicero | 1 |
| En el colchón | 17 |
| En la pierna de la pareja | 133 |
| Equivocar el nombre de la pareja | 50 |
| La cama se derrumba | 10 |
| Los calzoncillos explotan durante el juego previo | 90 |

En la pista de hielo
te como el pomelo.

# 8. La comida y el sexo

## (Manual de cabecera del comilón)

*«Sexo para alimentar el alma ,*
*comida para alimentar el sexo.»*

KARL «CARL» SCHUSSELDORF,
especialista en nutrición

Los pensadores más eminentes saben desde hace mucho tiempo que los requisitos nutritivos del sexo son, por expresarlo de un modo suave, impresionantes. La actividad sexual no solo provoca en el cuerpo una pérdida de peso y estatura, sino que también ocasiona una rápida disminución de proteínas, hidratos de carbono, riboflavina, oxígeno, féculas y minerales vitales tales como el cobre, el cinc y el aluminio. Si no reemplazamos de inmediato todos estos elementos esenciales se produce el *rigor mortis* y nos ponemos irritables. Por tanto, debemos reconocer la importancia que reviste alimentarse durante cualquier actividad sexual que rebase los quince minutos, ya que, de lo contrario, podemos sufrir lesiones irreversibles en los órganos, las glándulas y la médula ósea.

Sin embargo, no debemos dar al traste con la buena labor llevada a cabo hasta ahora atiborrándonos de alimentos altos en calorías y que engorden, tales como pastas de sésamo y miel, espinacas a la crema, caramelos, ositos de goma y sopa de alubias. Tampoco deberíamos llegar al otro extremo, ya que una dieta estricta trae la desgracia, y los puritanos que consideran de alto valor nutritivo el té y los brotes de soja no saturados suelen sucumbir a una muerte prematura. No hay mal alguno en tomarse un respiro en la dieta, siempre y cuando lo hagamos de forma inteligente y busquemos un término medio afortunado entre la inanición total y la glotonería absoluta.

Lo mejor para los festines de cabecera son alimentos que ensalcen la actividad sexual (afrodisíacos altamente energéticos que reúnen los requisitos diarios mínimos para la satisfacción de un adulto y proporcionan un alto grado de placer por caloría): pastel de chocolate, helado (la mayoría de los sabores), chile con carne, pizza, costillas de lechón y platos auténticamente étnicos, es decir, comida china, italiana, francesa y americana. He aquí algunos alimentos que proporcionan un grado infame de satisfacción por caloría: ocra, galletitas saladas, perejil, berros, pastel de carne y de bacalao. Cabe hacer mención también de los falsos afrodisíacos: cantárida, ostras, papillas para bebés, germen de trigo, pastel de pollo, ciruelas secas y gachas de avena, todos ellos inservibles. Por último no recomendamos aquellos productos denominados caprichosamente alimentos «dietéticos», ya que la mayoría de ellos contribuye a la sensación aguda de hambre, la pelagra y la depresión.

Los siguientes productos han sido seleccionados por un elenco de expertos como los que más a menudo se comparten antes, durante, después y mucho después del sexo. Estos alimentos y bebidas gozan de gran prestigio no solo por su valor nutritivo, sino también por su buen sabor y el saludable efecto que surten en la psique. Si tiene una pequeña nevera junto a la cama, mejor que mejor, ya que ello facilitará en gran medida la tarea de alimentarse. Como siempre, recomendamos un prudente exceso y no entregarse a ninguna actividad sexual justo después de una comida abundante.*

* Una comida abundante: salchichas trufadas, paté, crema de almejas (dos platos), carne asada y patatas fritas con raviolis verdes al horno, surtido de queso de cabra, cuatro galletas de chocolate, cerveza, vino y agua con gas. Postre: una pizza de dos centímetros y medio de grosor sin azúcar pero con todo lo demás.

## CALORÍAS DE LOS ALIMENTOS

*(Los valores calóricos relacionados a continuación variarán según los ingredientes, el tamaño de la ración y las dimensiones de la boca.)*

| **Alimento** | **Calorías** |
|---|---|
| Helado | |
| Por cucharada ........................................ | 14 |
| Por cucharón ........................................ | 84 |

«Plasma para el alma». Así expresó una experta en alimentación su veneración por el helado mientras devoraba su segunda tarrina de medio litro de helado de ron y pasas. Desde el Renacimiento, el helado ha sido objeto de adoración por sus propiedades curativas y su capacidad de lograr la milagrosa recuperación de personas aquejadas de dolor de espalda, amigdalitis, impotencia, golosía aguda y otros trastornos graves. A fin de saborearlo en toda su esencia, el helado debería comerse o sorberse del recipiente original en lugar de servirse en un plato y correr el riesgo de contaminación. Este aspecto reviste especial importancia en el caso de sabores tales como mantequilla, almendras y pistacho. A fin de evitar que el helado se derrita y el sabor se disipe en el trayecto entre la tienda y su casa, muchos fetichistas del helado transportan su adquisición en un sombrero refrigerado.

Polos (por lametón) ........................................ 3

Un producto portátil y fácil de comer que resulta muy apropiado en caso de que le apetezca helado durante el acto sexual. Procure que no se funda y gotee en el ojo de su pareja. Al terminar utilice el palo para actividades de disciplina (véase capítulo VI).

Helado industrial

Por lametón ................................................ 3¼

Servirá en caso de crisis, aunque lo más probable es que se derrita y le manche toda la muñeca. Si tiene tiempo y necesita hacer ejercicio, vaya a la máquina expendedora, aplique la boca directamente a la cánula e ingiera de medio a un litro sin molestarse en coger un cucurucho.

Pizza (por mordisco) ...................................... 15

Refuerza los huesos y los dientes. Si prefiere la pizza con doble queso, albóndigas, anchoas, champiñones y salami (conocida como «Sorpresa Quemaalientos»), añada unas cuantas calorías. Aunque la pizza resulta un poco incómoda para comerla en la cama, sobre todo si está muy caliente y se mete la ración entera en la boca, constituye una excelente fuente de potasio y vitamina D. Encargue la pizza siempre con mucha antelación y tenga el dinero preparado. Buscar el importe exacto mientras el repartidor espera en el recibidor y su pareja espera en la cama puede hacerle quedar en ridículo.*

* En ciertos condados, el reparto de pizza se considera una urgencia médica válida y las furgonetas de reparto están dotadas de sirena.

| | |
|---|---|
| **Espaguetis recalentados (por fideo)** ............ | 3 |

También los espaguetis son un poco difíciles de comer en la cama, pero las ventajas nutritivas que proporcionan merecen la pena. Al igual que el buen vino, unos espaguetis con solera (de dieciséis a dieciocho horas) pueden constituir un complemento glorioso de la cocina de dormitorio, un plato delicado pero sustancioso que ayuda al cuerpo a conservar su energía y vigor suceda lo que suceda. Si les añade unas albóndigas, mejor que mejor. Si se aburre puede organizar una guerra de espaguetis con su pareja.

| | |
|---|---|
| **Carne asada fría (por puñado)** .................... | 14 |

Un plato vigorizante que proporciona la energía necesaria para el sexo de larga distancia. Por lo general, la carne asada se sirve con patatas fritas, pero en este caso preferimos algo un poco más ligero, como por ejemplo unas gachas. Las personas preocupadas por su línea deberían tomar nota de lo siguiente: la carne asada fría tiene un 1 % menos de calorías que la carne asada caliente.

| | |
|---|---|
| **Galletas o crema de chocolate (por bocado sustancioso)** .................................................. | 28 |

Al igual que el helado, las propiedades reconstituyentes de las galletas y la crema de chocolate las convierten en elemento indispensable de los festines de dormitorio. De hecho, una galleta de chocolate enorme con un baño de crema de chocolate perfecta (denominada galleta de chocolate «oxigenada») sacó a una pareja de un apuro provocado por dos días de sexo constante, período durante el cual interrumpieron su actividad una sola vez para cambiar las sábanas.

---

Cerezas (por cereza, sin contar el tallo) ....... 2½

Una de las frutas más refrescantes, sobre todo si se sirve fría. Guárdese una cereza en el ombligo para urgencias y con fines decorativos. A su pareja le encantará.

---

Nota: Las cerezas, ricas en vitamina C, le ayudarán a prevenir el escorbuto.

---

Caviar:

Por onza ................................................. 91

Por hueva ............................................ 00,00047

Eróticamente exótico y exóticamente erótico. No malgaste el caviar con una pareja de segunda categoría. Espere hasta después de la relación sexual. Si la pareja no ha dado la talla, sírvale ganchitos de queso. Hay que regar el caviar bien con champán o bien con algún sucedáneo apropiado, como por ejemplo agua tónica.

---

Snickers (por mordisco) .............................. 20

Gracias a su sublime masticabilidad, Snickers se considera un excelente ejemplo de la satisfacción dental y el sucedáneo perfecto de la carne por si se cansa de morder a su pareja. Se trata de uno de los pocos dulces que se deja hacer un chupetón.

---

Paté (por montañita) .................................... 22

Uno de los alimentos para untar más vivificantes y sensuales del mundo es el paté de campaña, consistente en carne de ternera y cerdo, brandy y ajo. Puede comerse directamente con el cuchillo o bien, si no le importa ingerir unas cuantas calorías más, untarse sobre una rebanada de pan. Para reanimar a los que se encuentran en fase terminal de inanición, un eminente instructor de alimentación sugiere abrir una zanja en una barra de pan de sesenta centímetros de longitud, atestarla de paté y, tal como él expresa con gran elocuencia, «Póngase las botas hasta perder el conocimiento».

Pan (por barra de medio kilo) ....................... 1.115,3

Si es usted muy melindroso, tal vez le convenga cortar el pan en lo que los más delicados llaman «rebanada» y luego calcular las calorías correspondientes. No obstante, las personas de apetito saludable conocen el valor de una buena dosis de pan y, por lo general, prefieren cortar la barra por la mitad, retirar la miga y llenar la corteza de manteca de cacahuete, berenjena o atún.

Queso (por pedazo) ........................................ 30

A fin de cargar las pilas a toda prisa y ejecutar ejercicios de mordisqueo, un surtido de quesos servidos a temperatura ambiente debería ser una parte fundamental de la comida de dormitorio. Las clases más recomendadas son Cheddar fuerte, Jarlsberg, Brie, Edam, Gruyère, Taleggio, Pecorino y Roquefort.

Bombones (por bombón) ................................ 21

Por muy cansado que esté o mucha hambre que tenga, no olvide retirar el papel de aluminio o se arrepentirá, sobre todo si está en plena operación de raíces dentales. Además de estar muy ricos, los bombones son excelentes para lograr un nivel de azúcar aceptable. Tomen nota de este detalle los hipoglucémicos.

Pastel de chocolate (por bocado) ................. 26

Uno de los pocos remedios fiables para la disfunción sexual. De hecho, el efecto terapéutico del pastel de chocolate es tal que la gente come grandes raciones incluso cuando no están haciendo el amor.

Chile con carne (por cucharada) .................. 10

Vital para el acopio de energía y los sueños raros. Debería guardar una olla de chile junto a la cama, a fin de poder comerse una cucharada siempre que le entre sueño. No se preocupe por los efectos secundarios. El dióxido de carbono adicional será excelente para sus plantas.

Tarta de queso (por bocado) .......................... 24

Muchos consideran que la tarta de queso es un orgasmo en sí misma y con frecuencia recurren a ella como sustituta de la pareja. Si bien se ha suscitado una encendida controversia entre la tarta de queso francesa y la italiana, nosotros recomendamos ambas.

Jamón ahumado de Westfalia
(por loncha fina) .......................................... 11

La contrapartida erótica de la mortadela. Por lo general, se sirve enrollado alrededor de una tajada de melón o alrededor del dedo.

Marisco frío (por cucharada grande) .......... 18

El combustible perfecto para el sexo en climas cálidos. Es ligero, nutritivo y, si come una cantidad suficiente, llena bastante.

Pastelillos de patata (por bocado) ................ 25

Uno de los manjares de dormitorio menos epicúreo, pero esencial como alimento poco digerible para hacer acopio de fuerzas, pues se trata de uno de los alimentos favoritos de los jornaleros judíos. A aquellos a los que les cueste entrar en calor, los pastelillos de patata les parecerán una bendición. Una vez deglutidos, queman como el fuego, lo que le permitirá mantener la temperatura normal del cuerpo cuando haga el amor en una cámara frigorífica.

Galletas de virutas de chocolate
(por bocado) .................................................. 8

De ningún modo pretenden constituir un programa dietético completo. Sin embargo, treinta y cinco galletas de virutas de chocolate almacenadas bajo la almohada y sacadas en los momentos apropiados le ayudarán a mantener el equilibrio adecuado entre los glóbulos rojos y los glóbulos blancos. Las galletas de virutas de chocolate más saludables son las que preparan las madres cariñosas, y si no hay ninguna madre a mano, las tías chochas. En casos de urgencia servirán las galletas compradas en una tienda.

| Bebida | Calorías |
| --- | --- |
| Vino (por sorbo) ........................................ | 10 |

La regla de oro es la simplicidad. Blanco con una pareja delgada, tinto con una pareja corpulenta, rosado con un plomazo. Por lo que se refiere a servir vino con la comida, recurra a sus propias reglas de acuerdo con sus gustos y la ignorancia de su pareja. Advertirá que la mayor parte de los vinos de uva va bien con casi cualquier plato. Un Chablis fresco, por ejemplo, casará igual de bien con la carne asada que con buñuelos de pescado. No obstante, no recomendamos servir moscatel con ostras Rockefeller ni Manischewitz con chuletas de cerdo.

| | |
| --- | --- |
| Cerveza | |
| (Por sorbo) ........................................ | 8 |
| (Por trago) ........................................ | 14 |

La cerveza helada constituye un antídoto fiable contra una actividad sexual larga, reñida, calurosa y sudorosa. Además de ser un medio ideal para restituir los fluidos corporales vitales, la cerveza es rica en vitaminas, minerales y dióxido de carbono. Si desea un mayor poder nutritivo, pruebe la cerveza negra; una dosis copiosa de la misma le dará fuerzas para levantarse y comer. La cerveza resulta especialemente apropiada para platos tan monstruosos como cuarto trasero de cordero, chile con carne, perritos calientes en gelatina, *gulash* y cualquier tipo de salchicha.

Champán (por sorbito pequeñito) ................ 8

Según sus gustos, su bolsillo y lo que sienta por su pareja, puede optar por cualquier cosa, desde una botella de cava malo a 2 euros hasta una botella de champán francés a 40 euros. El champán para el consumo en el dormitorio no debería restringirse a platos de «lujo», tales como el caviar y el chile. Está demostrado que un poco de Piper Heidseck servido con la carne asada alivia la frigidez, mientras que el Mumm's con batatas constituye un excelente calmante para las personas trastornadas por un juego previo inadecuado.

Agua mineral Perrier .................................... 0

Conocido en algunos círculos como el perfecto sustituto del agua, este líquido ligeramente gaseoso y extremadamente culto puede tomarse solo, con un poco de zumo de limón o incluso reforzado con una dosis de refresco de chocolate con burbujas. Asimismo, pueden añadirse al agua de Perrier dos partes de edulcorante en polvo con sabor.

Refrescos gaseosos (con azúcar, por sorbo) 14

Si lo que le va es el abuso de bebidas gaseosas, le recomendamos la reina de los refrescos con gas, la cola Royal Crown, por su sabor rico y penetrante, así como por su innegable elegancia. Si en su ciudad no hay Royal Crown, pruebe con la Pepsi, un poco más aguada pero aun así fiable. Recomendamos destapar el refresco y dejarlo reposar al menos dos minutos antes de servirlo.

## TÍPICOS EFECTOS DEL ALCOHOL SOBRE LA CONDUCTA EN EL DORMITORIO*

Veintiocho mililitros de alcohol. Pocos efectos. La cabeza sigue clara, y el aliento, aceptable. El pulso, la respiración y el hígado se mantienen dentro de la normalidad. Todavía puede satisfacer a su pareja.

**De cincuenta y seis a ochenta y cuatro mililitros de alcohol**. Todavía sabe más o menos para qué está aquí, pero por alguna razón no le importa. Se está relajando, casi tranquilizando. No se queja cuando su pareja intenta venderle un boleto para la rifa. Su sentido del humor sigue en plena forma. Sujetar una galleta con el ojo a guisa de monóculo le parece increíblemente divertido.

**Ciento doce mililitros.** Leves dificultades para distinguir entre la cama y el suelo. Espera que su pareja no se dé cuenta. Náuseas crecientes que desaparecen en cuanto se come una albóndiga. Sin embargo, al cambiar de postura vuelven, y de repente se marea en serio. Su pareja demuestra un gran tacto al fingir no percatarse de nada. Curiosa necesidad de botar sobre la cama.

* De *Nuevas perspectivas acerca de la relación entre el alcohol y el comportamiento estúpido*, de la doctora Erica Einstein, profesora de economía doméstica, Universidad de Transvaal.

**De ciento cuarenta a ciento sesenta y ocho mililitros.** Sigue controlando la situación, pero la capacidad de llevar a cabo tareas sexuales sencillas, tales como babear y gemir, se ve obstaculizada por una jaqueca cegadora. Hace unos instantes, uno de ustedes ha llegado al orgasmo, pero no recuerda quién. La visión y la sensibilidad táctil se hallan algo distorsionadas. No puede localizar a su pareja más que por la voz. A estas alturas ya está eruptando de forma incontrolada, y el perro está acurrucado en el rincón.

**De doscientos veinticuatro a doscientos cincuenta y dos mililitros.** La lengua se le antoja una especie de mortadela. Aunque está funcionalmente muerto, el concepto de tocar un instrumento de viento colocándolo delante del ventilador le parece fascinante. Sin darse cuenta de que su pareja se ha marchado, se enzarza en una acalorada discusión con la almohada acerca de quién debe ir a buscar el helado.

## EJEMPLOS DE PÉRDIDA DE PESO CAUSADA POR LA ACTIVIDAD DE COMER

| **Actividad** | **Calorías quemadas** |
|---|---|
| Punzadas de hambre ........................................ | ½ |
| Abrir la puerta del frigorífico ........................ | 1 |
| Rebuscar entre productos inservibles (apio, mermelada, huevo, limones, pilas de linterna, etcétera) ........................................ | 2 |
| Levantar un tenedor que contiene: | |
| Una albóndiga bien maja ........................... | 4 |
| Un trozo raquítico de pollo hervido .......... | 2 |
| Tarta de queso italiana .............................. | 16 |
| Consomé ............................................... | 00,000006 |
| Arrancar la tapa de una tarrina de helado mal descongelada (incluye uñas destrozadas) ... | 21 |
| Hundir la cuchara en: | |
| Helado descongelado hasta alcanzar consistencia cremosa ............................... | 2 |
| *(Debería necesitar una presión mínima, deje que la gravedad haga el resto.)* | |
| Helado recién sacado del congelador ....... | 76 |
| *(Incluye ponerse lívido y jadear.)* | |
| Enderezar la cuchara .............................. | 6 |

Nota: Si no puede esperar a que se derrita el helado, emplee el método de la «pala» y súbase encima de la cuchara. De este modo, la cuchara debería hundirse lo suficiente como para hacer la palanca necesaria para obtener una ración de «emergencia».

| | |
|---|---|
| Untar manteca de cacahuete sobre el pan ... | 3 |
| Meter el pan en el tarro y extraer la manteca de cacahuete ............ | 1 |
| Separar las dos mitades de una galleta tipo sándwich de crema sin romperlas ............ | 4 |
| Lamer la crema ............ | 2 |
| Extraer el corcho de una botella de vino: | |
| Con sacacorchos ............ | 7 |
| Succionando violentamente ............ | 145 |
| Golpeando el fondo de la botella con el canto de la mano ............ | 65 |
| Masticar (por masticación): | |
| Alimentos tales como puré de manzana, ensaladas o sopas ............ | 1 |
| Trozos de carne barata ............ | 11 |
| Caramelo ............ | 14 |

| | |
|---|---|
| Marcar un número para pedir una pizza | 3 |
| Marcar un número en un teléfono multifrecuencia para pedir una pizza | 1½ |
| Recorrer la habitación como un oso enjaulado hasta que llegue | 9 |
| Comer pizza: | |
| ración doblada | 4 |
| ración sin doblar | 25 |
| Chupar la bandeja de la pizza hasta que se arrugue | 98 |
| Retirar el papel de plata de los bombones | 1 |
| Quitar el envoltorio de cualquier barrita de caramelo | |
| Suavemente, con los dedos | ½ |
| Arrancándolo con los dientes | |
| Quemándolo | ¼ |
| Retirar la grasa del pescado | 2 |
| Correr para alcanzar la furgoneta del heladero que se aleja lentamente | 40 |
| Comer espaguetis con | |
| Cuchara y tenedor | 6 |
| Las manos en forma de cuenco | 15 |

## PÉRDIDA DE PESO MIENTRAS SE RESISTE LA TENTACIÓN DE COMER

A las personas que insisten en someterse a una dieta estricta, incluso durante la actividad sexual, les encantará saber que ejercitar la fuerza de voluntad quema una cantidad considerable de calorías. Cuanto más tentador el alimento, más energía necesitará para resistirse a él con éxito, por supuesto.

| **Actividad** | **Calorías quemadas** |
|---|---|
| Resistirse a | |
| Tarta de manzana con helado de chocolate | 65 |
| Un huevo pasado por agua | ¼ |
| Lechuga | 1 |
| Gambas con salsa de langosta | 28 |
| Barrita de chocolate con almendras y coco | 30 |
| Espaguetis con albóndigas: | |
| caseros | 55 |
| de lata | 2 |
| Potaje de maíz y legumbres | ½ |
| Tarta de queso | 58 |
| Pastel de chocolate | 72 |
| Zanahorias cocidas | 00,00004 |
| Estofado congelado de atún | 4 |
| Helado | 187 |
| *Toffee* de chocolate | 19 |
| Tarta de cereza | 40 |
| Caldo | 0 |

## COMER EN LA CAMA: PROBLEMAS

| Actividad | Calorías quemadas |
|---|---|
| Quedarse pegados | 5 |
| Despegarse | 14 |
| Eliminar manchas de comida de la sábana | |
| Helado: | |
| chocolate | 5 |
| vainilla | No se moleste |
| Vino tinto | 8 |
| Salsa de tomate | 6 |
| Aceite de la pizza | 11 |
| Carne picada incrustada en el tejido | 8 |

Nota: Las manchas de comida deberían considerarse símbolos de diversión, al igual que los adhesivos que la gente pega en las ventanillas del coche para demostrar que ha estado en Disneylandia.

| | |
|---|---|
| Úlceras de decúbito | 5 |

Restregarse contra una sábana llena de migas de pan, cáscaras de cacahuete, huesos de cereza y patatas fritas irrita las pieles más delicadas. No olvide pasar la aspiradora entre plato y plato.

| | |
|---|---|
| Compartir un plato de sopa durante el acto sexual | 80 |

## APLICACIONES ALTERNATIVAS DE LA COMIDA

A pesar del riesgo de reacciones alérgicas, cubrirse mutuamente el cuerpo con alimentos tales como manteca de cacahuete, nata montada, crema de chocolate caliente o salmón ahumado y luego retirarlo con la lengua es un medio excelente para ahorrar tiempo, ya que combina el sexo con el almuerzo. Para obtener resultados óptimos, espere a que ambos estén desnudos antes de empezar.

| **Actividad** | **Calorías quemadas** |
|---|---|
| Retirar con la lengua | |
| Miel | 4 |
| Mermelada de fresa | 6 |
| Muslo de pavo | 19 |
| Chicle | 86 |
| Nata montada | 2 |
| Espuma de afeitar (buena broma) | 46 |
| Uvas | 1 |
| Maquillaje orgánico | 10 |

¡Falta! ¡Faltaaarghuff...!

# 9. El informe relativo a la estatura

## ¿CUÁNTO DEBE MEDIR SU PAREJA SEXUAL IDEAL?*

*(Las mujeres mayores de doce años deben añadir dos centímetros y medio a todas las cifras indicadas.)*

| **Si pesa usted:** | **Debería medir:** | | |
|---|---|---|---|
| | **c. peq.** | **c. med.** | **c. grande** |
| de 6,3 a 13,5 kg | 62,54 cm | 67,62 cm | 72,50 cm |
| de 13,9 a 18,9 kg | 70,00 cm | 77,50 cm | 90,00 cm |
| de 19,3 a 24,3 kg | 82,50 cm | 90,00 cm | 97,50 cm |
| de 24,7 a 29,2 kg | 95,00 cm | 107,5 cm | 121,2 cm |
| de 29,7 a 34,6 kg | 112,5 cm | 122,5 cm | 130,0 cm |
| de 35,1 a 40,5 kg | 120,0 cm | 130,0 cm | 137,5 cm |
| de 40,9 a 45,0 kg | 132,5 cm | 142,5 cm | 150,0 cm |
| de 45,4 a 49,5 kg | 145,0 cm | 152,5 cm | 157,5 cm |
| de 49,9 a 54,9 kg | 150,0 cm | 155,0 cm | 162,0 cm |
| de 55,3 a 6o,7 kg | 157,5 cm | 162,5 cm | 167,5 cm |
| de 61,2 a 66,1 kg | 158,7 cm | 165,0 cm | 172,5 cm |
| de 66,6 a 72,0 kg | 167,5 cm | 172,5 cm | 177,5 cm |
| de 72,4 a 77,4 kg | 170,0 cm | 175,0 cm | 180,6 cm |
| de 77,8 a 83,2 kg | 172,5 cm | 180,0 cm | 185,0 cm |
| de 83,7 a 90,0 kg | 175,0 cm | 182,5 cm | 190,0 cm |
| de 90.4 a 95,4 kg | 177,5 cm | 185,0 cm | 192,5 cm |
| de 95,8 a 101,2 kg | 180,0 cm | 187,5 cm | 197,5 cm |
| de 101,7 a 108,0 kg | 190,0 cm | 195,0 cm | 205,0 cm |
| de 108,4 a 114,7 kg | 197,5 cm | 205,0 cm | 215,0 cm |
| de 115,2 a 121,5 kg | 211,2 cm | 217,5 cm | 227,5 cm |
| de 121,9 a 128,2 kg | 217,5 cm | 227,5 cm | 240,0 cm |

* Datos basados en ciertas tablas.

A mi caballo no se le resiste ningún ~~obstáculo~~.

# Biografías de autores

**Richard Smith** es originario de Estados Unidos. Ha figurado dos veces en el *New York Times Bestsellers* con *Cómo adelgazar follando* (un millón de copias vendidas en los Estados Unidos) y *Cómo montárselo en la noche de bodas* (medio millón de ejemplares vendidos en Estados Unidos).

**Aleix Saló** publicó en 2009 su primer libro, *Fills dels 80: la Generació Bombolla*. Ese mismo año inauguró su primera exposición en Barcelona, CervezaBier-Amigo, y en marzo de 2010 expuso en Madrid Madrilona, una muestra sobre la siempre controvertida relación entre Madrid y Barcelona. Ha dibujado viñetas para diversas publicaciones (*Revista de Ripollet*, *Més Sabadell*, *Avui*, *Directe.cat*, *El Jueves*, *ADN*, *Público*). Sus libros *Españistán: este país se va a la mierda* (2011) y *Simiocracia: crónica de la Gran Resaca Económica* (2012), han sido verdaderos fenómenos editoriales, con más de 80.000 ejemplares vendidos. Aleix Saló también ha destacado por sus trabajos de animación: *Ratzinger Z* (sobre la visita del Papa a Barcelona), los vídeos promocionales de *Españistán* y *Simiocracia* (con millones de visitas en su canal de Youtube), y su participación en el documental *Hijos de las nubes, la última colonia*, de Javier Bardem y Álvaro Longoria. Su libro más reciente es *Europesadilla: alguien se ha comido a la clase media* (2013).

Acoso... y derribo.

2